U1005474

中国当代美学家文论家评传

王岳川　主编

蔡元培的美育精神

胡经之

在中国从近代转向现代的历史进程中，蔡元培是"五四"时代举世公认的新文化运动的领袖，一位启蒙思想家，又是一位杰出的教育家。他还是一位美学家，特别重视把美学和教育紧密结合，创建了自成特色的美育学说，把美育提升到人格教育、全民教育、终身教育的地位。蔡元培倡导美育，没有停留在抽象理论的层次，不仅他自己身体力行，而且付诸社会实践，向学校和更广的社会领域推行。在蔡元培心目中，美育乃是中国进行思想启蒙的一个重要途径。辛亥革命后建立了民国政府，孙中山任临时大总统，任命他为教育总长。他在鲁迅的支持配合下，旗帜鲜明地把美育列入整个教育方针之中，这在中华文明史上乃从无有过的伟大创举。

蔡元培这种闪耀着启蒙思想光芒的美育精神，不仅在当时的新文化运动中发挥了巨大作用，而且还影响了以后数代人，推动中国的文化教育向现代方向前进。当历史发展到廿一世纪即将到来的前一年，中国为全面推进素质教育，终于把美育列入全民教育方针之中，德、智、体、美四育并举，

中国当代美学家文论家评传

王岳川　主编

胡经之评传

李　健◎著

黄山书社

图书在版编目(CIP)数据

胡经之评传 / 李健著. —合肥:黄山书社,
2016.8
(中国当代美学家文论家评传)
ISBN 978-7-5461-4126-8

Ⅰ.①胡… Ⅱ.①李… Ⅲ.①胡经之-评传
Ⅳ.①K825.6

中国版本图书馆 CIP 数据核字(2016)第 248047 号

胡经之评传
HUJINGZHIPINGZHUAN
李健 著

策　　划　汤吟菲　朱莉莉
责任编辑　江　汇
装帧设计　未　氓
出版发行　时代出版传媒股份有限公司(http://www.press-mart.com)
　　　　　黄山书社(http://www.hspress.cn)
地址邮编　安徽省合肥市蜀山区翡翠路 1118 号出版传媒广场 7 层 230071
印　　刷　安徽国文彩印有限公司
版　　次　2016 年 8 月第 1 版
印　　次　2016 年 8 月第 1 次印刷
开　　本　700mm × 1000mm　1/16
字　　数　200 千
印　　张　16.75
书　　号　ISBN 978-7-5461-4126-8
定　　价　58.00 元

服务热线　0551-63533706
销售热线　0551-63533761
官方直营书店(http://hsssbook.taobao.com)

版权所有　侵权必究
凡本社图书出现印装质量问题,
请与印制科联系。
联系电话　0551-63533725

总　序

近百年来，中国美学文论学在西方现代性与后现代性的不断扩张中，艰难地生产着自己的文化和美学新思维，在欧风美雨中不断吐纳吸收的同时变更着自己的美学文艺学立场。然而，当美学和文论边界不断扩大化的时候，中国美学文论身份却出现了辨识上的危机。中国美学家文论家的集团没有形成，甚至可以说在长达一个世纪之内，学者们在一个一个地细读、消化、评论西方美学家文论家，却没有看到中国美学文论界整体性地对中国百年来的美学家文论家加以整体研究的著作。

尤为严重的是，中国美学界文论界在对整个西方美学界文论界加以研究的时候，已经从宏观研究进入到微观研究层面，对西方古典美学家文论家、西方近现代美学家文论家、西方后现代美学家文论家的研究著作已多不胜数，而整个西方对中国美学家文论家的了解和研究却几乎是空白。这种文化美学上的不对等性，导致中西美学界文论界产生了巨额的“文化赤字”。这种“文化赤字”可能引发的“文化战争”危险，迄今仍然没有引起学术界的高度重视。

一、中国美学家文论家需在国际话语中重建身份

作为大国崛起的中国，其当代美学文论的前沿话语是同整个世界前沿话语相连的。中国面对世界，世界不可能背对中国。东方大国的美学文艺学在失去自我身份后亟需重新反省并获得自我身份：在经历了一个世纪的西化浪潮之后重新检讨中国美学的精神价值取向，从全盘西化的美学文论研究的盲视中走出来，重新以“走近经典”的文化高度和精神厚度，审视中西文化深层对话时代中的中国美学文论身份；从西方美学文论的中国化到中国美学文论经验的世界化的转型中，关注文化创新与文学理论创新的同步性，进而守正创新——“走近经典”并“创新经典”。

不同的价值立场使得在全球范围内出现了文化宗教层面的反全球化的多元文化主义潮流。多元文化伴随着人类历史而发展：中国文化传统、希腊

文化传统、希伯来文化传统、阿拉伯伊斯兰文化传统、非洲文化传统等多种文化不断消长，此起彼伏地影响着人类社会的进程。整体性现代社会正在发生大分裂，世界正在走向新的多元化、多样化。

当代西方文论的全球扩张，深层原因是西方现代性与后现代性的全球播撒。现代性使当代西方艺术具有了文化霸权的话语平台。现代性与科技发明和殖民主义相关，短短200年就使得西方成为世界霸主。但反过来，现代性也让西方和世界深受其害。因为在现代性发展和大国崛起的几百年历史中，世界告别了“王道”而成就了“霸道”，最终导致两次世界大战并走近第三次世界大战的边缘。于是审美现代性、后现代性开始放弃价值升华的追求，现代艺术家开始感受世界堕落般的“恶心”。艺术家堕入了虚无主义、悲观主义和文化失败主义的泥潭，对人类后殖民未来充满了悲观意绪。

西方乘着全球化的翅膀开始了文化霸权的飞翔。霸权是一种在文化领域中争夺“领导权”或“控制权”的话语，将历史上属于某个阶级的意识形态扩张化，使之成为人类对西方话语权力的普遍认同。于是，话语权力不是作为强权而是作为权威而得到行施，人们的精神文化生活在不知不觉中被政治化。人类在价值崩溃中彻底地世俗化，人类精神生态失衡已经习焉不察地成为意识形态符码。

当然，在一个相互交织并消解冷战思维模式的共存时代，如果没有西方“他者”的“镜像”，我们就无法清晰地审视中国文化的“自我”。通过文化镜像深度的自我审视，将有助于把东西方文化的对抗转化为不同文化体制的创造性互动，从而使本土性真正与全球性获得整合，使中国文论创新在不断明晰丰富和深度拓展中，推进“中国形象”的立场定位。

二、从西方文论中国化到中国文论经验的世界化

全球化格局下的文学理论以建构多元多样性诗学为己任，这种多元文化观将使“汉语学界”突破西方文论的单一知识框架，重新审视东方文学传统中的文化理念和文学观念，关注中国文学在新的世界格局中的现代性诗学特征，并通过对差异性文化精神的体认，获得更为宽松多元的文化差异性结论。

事实上，在文化美学领域中国际惯例不是西方惯例，游戏规则不应该由西方单边建立；国际惯例是世界共同创造的，游戏规则是东西方共同建立的。中国美学文论应该参与到建立游戏规则的过程中去，而不能“他者”建立了规则，东方大国仅仅去遵守。只有这样，当代理论家才能不在传统和现代之间徘徊犹豫，才能不用再按照西方模式亦步亦趋，而是摆脱了模仿西方的兴趣，打破西方艺术的惯例，开始以自己的方式在精神生态中寻找中国式的文论光辉和美学神采。

当代中国美学文论流派原创、范畴创新、体系“守正创新”应该提到议事日程上来了。在中国现代性经验没有进入国际大循环，没有成为人类经验的一部分，没有引起世界充分关注的时候，中国文论“守正创新”势在必行。

三、在“守正创新”中整体展示中国美学文论大家

在全球化后现代语境中，新世纪中国文论应在当代文论流派众多的话语角逐中，超越西化跟潮的流派横向移植，超越“五四情结”的现代性诉求，

在全球化文化互动中从事中国美学播撒和新理论输出，形成中西双向的“理论旅行”。一种对等互动的“旅行”，使本土文化艺术和理论反思能够真实地发生和生成在这片厚土之中，完成从一个世纪的拿来主义之后的“文化输出”。在美学文论创作方式、本体结构、接受方式、传播机制、价值功能等方面都产生转变的时代，真正的美学文论前沿践行者，当通过自己的笔歌墨唱，为21世纪中国美学文论的自我创新和输出提供坚实的文化观念和价值重建地基。

走近经典为了继承，创意经典为了图新，美学图新为了精神原创，这表达了我对中国美学文论界整体高于并超越前人的美学观念、美学形态、文论方法、文论传播的某种文化期待。“守正创新”是生命精神喷发状态，而“原创力”是文化软实力，可以表征美学文论新的大国形象。

当代美学家文论家努力的方向是文论原创性，只有真正走近经典的美学家文论家才有可能成为时代美学文论大家，也只有不断创出新经典的原创型美学家文论家才有可能成为时代美学文论大家。可以说，在当代西方美学文论研究了30年以后，应推出一大批不断创新的中国美学文论精英。只有中国美学文论大家的国际影响力提升了，才可能从发现东方文化的精髓到推出一个新的理念——中国文论的文化输出！美学文论国际互动是新世纪中国文论的文化战略，这意味着，新世纪美学文论不仅是中国的，也应该“走出去”而成为世界的！表明从本土主义文化出发应该提出世界主义的美学文论观。

最后需要说明的是，在高水平开创性学术丛书出版困难的时期，黄山书社决定推出这套《中国当代美学家文论家评传》，令人感佩。首批推出朱光潜、宗白华、杨晦、季羡林、王元化、蒋孔阳、李泽厚、钱中文、胡经之、童庆炳等十位中国当代美学家文论家的评传。评传在“评”的方面突出对所评专家学术成果的评介，在“传”的方面则尽可能地钩沉出所评专家一些鲜为人知的人生趣事，使其呈现出浓郁的生活气息。通过丛书的出版，力求打破多年来在中西方文化交流中，中国对国外思想家了解较多，而国外对中国当代思想家却知之甚少的局面，为中国当代“文化输出”做一些推动性工作。

这套丛书的出版，不仅可以使相关领域的研究者能对这些经历了 20 世纪欧风美雨的中国美学家文论家的精神世界有更深入的了解，也能让更多的读者领略和认识这些跨世纪美学大家的审美风采，从而推动新世纪中国当代美学文艺学研究的国际化。

是为序。

王岳川

2015 年 1 月 8 日于北京大学

目　录

自　序

胡经之是新中国培养起来的第一代文艺理论家、美学家。在中国当代的文艺理论家、美学家中，杨晦、朱光潜、宗白华、蔡仪、王朝闻、伍蠡甫、蒋孔阳是他的师辈学者，李泽厚、钱中文、童庆炳、叶朗等是他的同辈学者，他们共同开创了新中国的文艺理论、美学事业，在各自的学术领域都做出了重要的贡献。尤为可贵的是，这些著名学者不仅专意于自己的学术研究，还非常注重学术的传承，花费心力，培养学术研究的后备力量。他们深知，只有这样，才能使中国的文艺理论与美学研究薪火相传，充满生机。胡经之也是如此。20 世纪 50 年代，他就产生了将文艺学与美学熔为一炉的想法，改革开放之后，不仅开拓了文艺美学学科，而且，先后培养出了王一川、陈伟、丁涛、王岳川、王坤、张首映、王列生、邵宏、李健、黄汉华等文艺学、美学领域的知名学者，成为一代名师。

胡经之的学术人生打上鲜明的时代烙印，又有自己的个性色彩。在中国当代文艺理论家、美学家中，他是特立独行的一位，其学术人生自具特色。

少年时代的胡经之是一位勤奋好学而又积极投身解放运动的优秀学子。他16岁参加新民主主义青年团，成为无锡师范学校的第一届学生会主席；17岁担任无锡县学生联合会主席，出任过无锡县人民代表、苏南政协委员；师范毕业后，曾在无锡的中学和小学任教。早在中学期间，胡经之就对文学艺术产生了浓烈的兴趣，在老师的引导下，阅读了大量的古今中外的文学作品和理论书籍。

1952年，全国高校院系调整完成，胡经之考入北京大学中文系；1955年，提前半年毕业，被抽调到中国人民大学马列主义研究生班做研究生。因酷爱文学艺术研究，1956年秋天，他又回到北大，成为杨晦的副博士研究生。这是面向全国招生的唯一一届副博士研究生。四年的研究生学习，胡经之深入思索文艺与美学问题，在学术上崭露头角；1958年，被张光年（光未然）聘为《文艺报》特约评论员。"文革"爆发之后，胡经之被卷入运动的浪潮之中，几经沉浮；1970年，下放到江西鄱阳湖鲤鱼洲，参加农业生产劳动。回到北京之后，潜心读书，认真研究马克思、恩格斯的价值学说和《红楼梦》，发表了一系列研究《红楼梦》的论著，在"红学"研究领域享有一定的声望。

改革开放解放了胡经之的精神生产力，他一边在北京大学钻研文艺美学，一边又走出燕园，探索新的人生道路。1984年秋，他和杨一介、乐黛云夫妇接受张维校长的邀请，赴深圳大学参与中文系的创办，尔后，举家迁居深圳。1992 年，他获得国务院颁发的“国家有突出贡献专家”证书，终身享受国务院特殊津贴；1993 年，被国务院学位办增列为博士生导师，开始招收文艺美学方向的博士研究生。

饱受老一辈学者学术思想的浸润，紧跟着新中国 60 年的时代脚步，胡经之与时俱进，不断前行。20 世纪 50 年代末，他就曾活跃在文艺批评的舞台

>> 经风历雨仍书生（2009 年）

上,写作并发表了一系列有影响的文艺理论和文学批评论著。但随后不久,他便安于书斋之中,潜心于学术,在文艺学和美学的海洋里自由遨游,逐渐从审美人生走向美学人生。晚年,胡经之又进入创美人生的新境界。

胡经之在文艺学、美学领域涉猎甚广。大学时代,他就旁听过苏联专家毕达可夫的"文艺学引论"课程,开始系统接触马克思主义的文艺理论。四年的副博士研究生生活期间,在导师杨晦的指导下,他系统地研究过中国古代文艺思想。在北京大学任教期间,他又在朱光潜、宗白华、王朝闻、蔡仪等先生的指导下研读西方文艺学、美学经典著作。扎实的中外文艺学、美学功底,为他深入从事学术研究奠定了基础。20 世纪 50 年代,他主要从事文艺评论。"文革"结束后,他的学术激情开始迸发,在中西文艺学、美学领域他都取得了显著的成绩。

20 世纪 80 年代初,长期关闭的国门被打开,国内学术界急需反思西方文艺理论的发展历程,了解当代西方文艺理论的发展状况。在这种情形下,胡经之先是与李衍柱、王岳川等合作主编了西方文学理论课程的高校教材《西方文艺理论名著教程》(北京大学出版社,1986 年),后与张首映合作完成了第一部西方 20 世纪文艺理论的研究专著《西方二十世纪文论史》(中国社会科学出版社,1987 年)。前者经过扩充修订之后至今仍被众多高校沿用,并于 1992 年获得国家教委颁发的高校优秀教材二等奖;后者获国家新闻出版署颁发的全国首届外国文学优秀著作奖,在学术界产生了广泛的影响。

胡经之也非常重视对中国古典文艺学和美学的探索。在副博士研究生学习时,他的主攻方向就是中国古代文艺思想,其间,他曾经协助罗根泽为其与郭绍虞共同主编的《中国古典文学理论批评专著选辑》做了一些校改工作。后来,为了自己研究和培养研究生的需要,胡经之带领他的研究生王一川、陈伟、丁涛、王岳川、李健从浩如烟海的中国古代典籍中搜集精华,编选了《中国古典美学丛编》(中华书局,1988年)、《中国古典文艺学丛编》(北京大学出版社,2001年)。在此基础之上,胡经之与李健合作撰写出《中国古典文艺学》(光明日报出版社,2006年),这是一部全面梳理中国古典文艺学、美学体系的著作,在中国古典文艺学、美学研究领域做出了独特的贡献。

胡经之非常重视学术资料的建设。除了上述《中国古典美学丛编》(三卷)、《中国古典文艺学丛编》(三卷)之外,他还主编了《西方文艺理论名著选编》(上、中、下三卷,与伍蠡甫共同主编,北京大学出版社,1986年)、《中国现代美学丛编(1919—1949)》(北京大学出版社,1987年)、《西方二十世纪文论选》(四卷,与张首映共同主编,中国社会科学出版社,1989年)。这些资料共有600万字之巨,为国内外从事文艺学、美学的研究者提供了资料上的方便。

胡经之在学术上的最大贡献是开拓了文艺美学这一新的学科。早在20世纪80年代初,他就提出发展文艺美学学科的主张,探讨学科的性质和研究对象,发掘它不同于文艺学与美学的独特的功能,使文艺美学成为一个相对独立的学科方向,具有开创性,因而,他被称为"文艺美学的教父"[①]。他率先在北京大学开设了"文艺美学"课程;在二级学科文艺学之下,设置了"文艺美学"这一专业方向,最早在1981年开始招收文艺美学方向的硕士研究生;在此基础上,撰写了《文艺美学》(北京大学出版社,1989年)。与此同时,他还与叶朗、江溶等人一起,成立了"文艺美学丛书"编委会,共同策划、编辑"文艺美学丛书"和《美学向导》。"文艺美学丛书"共出版了30多部学术著作,在学术界产生了很大的影响,成为北京大学出版社的学术著作品牌。

《文艺美学》1989年出版之后,不断重印,1998年又增修再版,产生了极

---

① 参见杜书瀛:《文艺美学的教父》,《南方文坛》2002年第5期。

其广泛的学术影响。许多高校将它作为文艺学专业的研究生教材或必读书，部分章节被人民教育出版社收录到中学的语文课本和必读参考书中，在中学生和文艺爱好者中也产生一定的影响。

胡经之的美学思索，始终关联着他从生活实践中所获得的审美体验。他前期致力于文艺美学，后来走向文化美学，再后来倾情于自然美学、古典文艺学，走出了一条清晰的文艺学、美学研究路径。

我们今天要走近的，就是这么一位文艺理论家、美学家。

第一章　启蒙江南水乡

在有“人间天堂”之誉的苏州与无锡之间，太湖之滨，坐落着一座有着3200多年历史的江南名镇——梅村。一条名曰伯渎港的小河东西贯通，东接苏州，西连无锡，使得这个水乡小镇灵秀无比。今天，梅村已经成为沪宁高速公路的中间站，一个世人向往的文化、旅游胜地。这不仅因为它有优美的自然风光，独特的水乡建筑，是水乡民居的经典，而且，还因为它有丰厚的历史文化积淀。史载，这里曾经是周太王古公亶父的长子泰伯的居住之地。梅村最初的名字叫梅里，“梅”字就是喜爱梅花的泰伯命名的。殷商末年，古公亶父有三个儿子：泰伯、仲雍、季历。相比之下，季历更为出色。况且，季历有一个特别仁德的儿子，深得古公喜爱，他的名字叫姬昌，就是后来的周文王。为了能使父亲把王位顺利地传给比自己贤明的弟弟而又不违背祖制，泰伯、仲雍借口到当时极其荒蛮的吴越之地采药，一去不返，在梅里定居下来，后来，干脆断发文身，彻底融入到当地的社会风俗之中。泰伯兄弟的故事在梅村代代流传，令后人赞叹不已。正是因为泰伯兄弟带来了先进的殷周文化，与江南文化逐渐融合，使得荒蛮的吴越之地成为礼仪之邦、人杰地灵之域，形成了独特的吴文化。梅村就成为吴文化的发祥之地，被世人称为“江南第一古镇”。

1933 年 6 月 30 日，农历闰五月初八，胡经之就出生在这里。

一、童年乱世尝悲凉

胡经之祖籍苏州，他的家庭属于小康之家。苏南蚕桑兴盛，丝织业比较发达。胡经之的祖父胡锦堂是一个织锦师，掌握了一整套高超的织锦技术，在当地小有名气。父亲胡定一从小喜爱读书，进过私塾。在那个年代，科举被废除，读书已经没有明确的功利目的。这给胡定一提供了很大的学习自由度。在饱读诗书之余，他还着意培养自己的兴趣，尤其爱好音乐。自古以来，苏州、无锡的地方音乐就非常兴盛，吴侬软语，江南丝竹，无不打动年轻的胡定一。而胡定一在音乐方面又有一定的天赋，经过老师的点拨，很快学会了拉二胡、吹笛箫、弹风琴，弹奏出来的江南小调有情有韵，非常美妙。父亲的这一爱好对后来的胡经之影响很大。胡定一学成之后，成为一名小学教书先生。

在当地，小学和中学教书先生是人们非常尊敬的职业，其中不乏有学识的专门人才。在中国当代的学术群体中，就有一些是从苏州、无锡的小学、中学教师队伍里走出来的杰出学者。国学大师钱穆就是一位小学老师。他的家在鸿声里，离梅村只有十多里地。他曾经在阳澄湖边的荡口等地做过多年的乡村小学教师，后来成为北大的著名教授。胡定一在省立无锡师范读书时，就受教于钱穆，后在苏州时有交往。他非常喜爱教师这个职业，常年游走在苏州、无锡一带的小学，教授国文、历史、作文、音乐等课程，深受学生与家长们的爱戴。

胡经之的母亲朱蓉珍虽不是大家闺秀，但也读过私塾，掌握一手灵巧的刺绣技艺。她非常勤劳，很小就凭靠自己的刺绣技艺，自食其力。在胡经之的印象中，他的母亲美丽、温柔、善良、贤惠，是典型的江南女子。

胡经之出生之后，体质较弱，母亲奶水又不足，身体也不好，全赖他的三位姑妈喂养。她们熬米汤，煮米粉，一勺一匙，悉心喂养小经之。如此照料，寒来暑往，原本瘦弱的小经之倒变得面色红润，清秀可人，灵气十足。家里人都十分喜爱。

胡经之的外祖父家在梅村北面三里外的鱼池村。鱼池村给胡经之留下了许多快乐的童年记忆。在这些记忆中，不仅有外祖父、外祖母的慈祥，更多的是玩乐的童趣，至今仍刻骨铭心。鱼池村也像梅村一样，是一个风景迷人的地方，那里有许多茂密的竹林、清清的小河、平静如镜的池塘。翠竹青青，河水汤汤，鱼儿跳跃，鸟鸣幽幽，给大自然增添了许多美好的情趣。而更让小经之着迷的是，外祖父家有一个比他年长的表兄，名字叫朱寿根，他经常带着小经之跑到田野里去放风筝、捕鱼、打鸟、捉虫、嬉戏。长此以往，小经之真有点乐不思蜀、懒得回家了，以至于在他上学读书、离开梅村之后，仍然惦记着外祖父的家，寒假和暑假经常在那里度过。

>> 三岁时全家福(1936 年,前面站立幼童为胡经之)

在弟弟胡纬之出生之后，母亲又为胡经之添了个妹妹。胡家儿女双全，一家人沉浸在天伦之乐之中。然而，好景不长。日本军国主义的入侵，打破了家园的宁静。

1937 年 7 月 7 日，卢沟桥事件爆发，日本全面侵略中国。不久，日军进攻上海、苏州、无锡，梅村也不能幸免。1937 年冬，日军侵入梅村，所到之处，烧杀、抢掠、奸淫，无恶不作，非常残忍。无数个家庭遭殃，无数兄弟姐妹遭到日本兵的杀害与侮辱。老百姓纷纷逃难，有的逃到了外乡，而大多数就在附近的树丛、竹林、山冈间躲藏。胡经之一家也加入到逃难的行列。为了便于相互照应，几家亲戚一起行动。几十口人，老老少少，慌慌张张，一起涌向茂密的树丛、竹林。胡经之的父亲、叔父、姑父用大竹筐挑着孩童，婶婶、姑妈照顾祖父、祖母和其他老人。他们白天躲在树丛、竹林中，夜晚就睡在山洞里。饿了，啃几口糍粑；渴了，喝几口冷水。因整个山野处处都是逃难之人，在树丛、竹林、山洞，随处都能听到孩子们的哭闹声、老人的叹息声，凄凄惨惨。这些，已经有点懂事的胡经之全看在了眼里。

母亲朱蓉珍的身体原本就瘦弱、有病，经过这场东躲西藏的颠簸，病情加重，后来竟卧床不起，不久便撒手人寰，给胡经之与家人留下了无穷无尽的悲痛。母亲去世后，只有两岁的小妹妹失去了母亲的怀抱，每天哭闹不止，不多久，也因病随母亲而去。短短的时间内连失两位亲人，白发人送黑发人，令年迈的祖父胡锦堂十分悲伤，终于他也病倒在床上，在一个深秋的夜晚病逝。

在这灾难深重的岁月里，胡经之接连失去了三位亲人。国破人亡，在他幼小的心灵中留下了永远都无法抹去的创伤。他初次品尝了人间的悲凉。

二、钟情山水吴文化

1939 年，胡经之 6 岁。父亲把他和表兄朱寿根一起送进了私塾。

胡定一依然忙碌，那时，他已辗转到了苏州一带教书。胡经之母亲去世之后，小姑也出嫁了，胡家已没有多余的人手照看小经之，他便被父亲送到了外祖父家，并就近进了私塾。

在私塾里，先生传授的仍然是传统的蒙学内容，无外乎《三字经》《百家姓》《千字文》之类。那时，正处于旧学向新学的转型时期。由于苏州、无锡毗邻新文化中心城市之一的上海，交通便利，新思想很快就能传播到那里。先生不像一般的私塾先生守旧，相反，思想比较开通，他可能已经认识到传统蒙学教育的弊端，因而在教授传统内容的同时，还自编了一些新鲜有趣而又适合孩童理解的儿歌教给蒙童们。有一首儿歌胡经之记忆极为深刻："三月三，清明到，去游山。"为了强化蒙童们对中国传统节日文化的了解，先生还特意布置了一篇作文《清明游山》，鼓励孩子们在春光明媚的清明时节走出去，感受大自然，领略大自然。这是孩子们愿意做的事，因此，每个人的作文完成得都非常认真。胡经之在文章中描写了他幼小心灵感受到的美妙的大自然，得到先生的嘉许。这是他写的第一篇作文，也是他第一次抒发对大自然的感受，从此，他便对大自然产生了审美的兴趣。尽管胡经之的私塾学习生活只有半年，但是，这短短的时光却在他的心中留下了非常美好的印象。

1940 年初，胡经之随父亲搬到苏州城内居住，就近进了一所美国教会学校读书，"乡下人"一下变成了"城里人"。

在苏州，胡经之和弟弟胡纬之跟着父亲、继母，先后住过蒋庙前与平江路，那里离拙政园、狮子林、北寺塔等著名景点很近，这为他经常到各景点游玩提供了便利。每当读书闲暇的时候，胡经之就会跑到那里，俨然一个小大人，非常沉静地观赏这些古朴、典雅的园林、高塔，往往会不自觉地产生一些奇妙的想象。这些园林深深吸引着胡经之，几天不去，他就会有一种说不出来的感觉，好像失去了什么，浑身不自在。他爱上了苏州园林，喜欢苏州的园林文化。父亲第一次带他去沧浪亭，亭子的石柱上刻着一副楹联："清风明月本无价，近水远山皆有情。"胡经之一下子就记住了，从小到大，一直记在心里。长大后，他读欧阳修、苏舜钦、苏轼的诗文，方知此联的意思。这是一副集句联。上联集自欧阳修的《沧浪亭》诗，下联集自苏舜钦的《过苏州》诗。两者天衣无缝，如此精妙，把对自然的情怀一下子就抒发出来了。

胡定一的教书地点并不固定，常在苏州、无锡之间靠近太湖且又相对远离日寇的乡镇。一到寒暑假，他都会带着胡经之，到这些乡镇小学度假，住上一阵，再回苏州。因此，胡经之少年时期很大一部分时间随着父亲的足迹在太湖周边走动。正因为这样，他从小就经常陶醉在湖光山色之中，体验着江南的美妙风光。他对大自然的热爱，从小就开始了。

1940 年春假，胡经之随着父亲途经阳澄湖，来到荡口休闲几天。早就听说过阳澄湖，听说过阳澄湖有大闸蟹，自己在心里也不知想象了多少次关于阳澄湖的事，这次终于见识了。看到阳澄湖的浩淼，胡经之内心非常激动。他喜欢上了这个美丽的地方。因为胡经之喜欢阳澄湖，父亲在周末闲暇之时，会经常带着他来到湖边，看来来往往的渔船、乌篷船，看微风拂动下的芦苇荡。春夏，芦苇青青；秋天，芦花飞扬。

不久，父亲先后在钱穆的故乡鸿声里和后宅等地任教。那里离苏州更近，胡经之来这里就更方便了。这些地方都是风景绝佳之地，湖塘相通，山水相连。胡经之就常带着城里同学来玩。放假之后，他经常与同学一道去塘边玩耍、戏水，很快就学会了游泳。在与大自然的亲密接触中，他感到其乐无穷。

从1940年初到1943年夏，胡经之一直在城里的美国教会学校晟成中学附小读书。胡经之在这里接受了三年多的欧式教育。在这里，他不仅要学习英文，而且星期天要去教堂做礼拜。他还被选入唱诗班，在做礼拜时，为大家祈祷唱诗。

那时候的小学，学习时间为六年，前四年是初小，后两年是高小。胡经之在晟成小学读到四年级，最后一个多月就来到鸿声里小学父亲身边，结束了自己的初小学习，接下来要进入高小。为了使胡经之有一个安定的学习生活，他父亲就与自己的老朋友、在梅村高小教书的陈友梅(东刍)商量，随后便决定让胡经之在梅村高小上学。1943年暑假过后，胡经之便离开了苏州，回到老家梅村读书，与祖母生活在一起。

在梅村高小期间，胡经之确实沉下了心，做到了安安静静地读书。比起那些颠簸时期的学习生活，这时总归有了一个完整的计划，学习知识的系统性也更强了。尤其难能可贵的是，在这里，胡经之遇到了自己的第一位文学启蒙老师——陈友梅。他对文学的最初爱好在很大程度上是受陈友梅的影响。陈先生的渊博在当地是极其有名的，很得学生和读书人的景仰，就连当时学界名盛一时的北京大学著名教授钱穆也是他的好友。那时，陈先生做胡经之的班主任、语文老师。由于与胡定一之间的特殊关系，陈先生对胡经之非常关照。他的语文课讲得特别生动，古文讲得尤其好。在日寇的铁蹄下，他还敢在课堂上公开讲解文天祥的“人生自古谁无死，留取丹心照汗青”，赞美文天祥的气节。他讲古典诗文，旁征博引，深入浅出，常常令胡经之着迷，那真是一种享受！不知不觉，胡经之也喜欢上了阅读古文。梅村高小两年的学习，使胡经之初步认识到中国传统文学的精妙，为他打下了最初的文学基础。

1945年夏，胡经之高小毕业，直接进入梅村的中华中学就读。

也就是这一年的8月15日，日本宣布无条件投降，抗日战争胜利了。胡经之的心情也异常激动。回想起日本人侵犯梅村的情形，他有一种无法言说的情感。现在，日本人走了，终于可以安心坐下来读书了。

中华中学是胡经之文学道路上的一个重要的转折。在这里，他遇到了他的另一位文学引路人何阡陌。何先生是从国立武汉大学中文系来的，文学艺术修养非常深厚。与陈友梅不同的是，何先生擅长五四以来的新文学，对胡适、鲁迅、郭沫若、徐志摩、冰心、巴金等现代作家非常熟悉。他给胡经之带来了新的文学观念。何先生艺术审美能力很强，对文学艺术作品的艺术分析非常独到、深刻，这对胡经之的影响很大。在他宿舍的书桌上，胡经之平生第一次看到维纳斯的石膏像。他教胡经之怎样阅读文学作品，怎样鉴赏艺术品。晚饭后，胡经之常常陪先生到校外村庄散步，穿过小桥流水，仰观飞鸟白云，每每看到一种美妙的景致，何先生都会对大自然发出由衷的赞叹。有时，他也会伤感，吟诵"枯藤老树昏鸦，小桥流水人家"，感叹自己这个"断肠人在天涯"。胡经之在感动和敬佩之余，经常会向老师请教，虚心听取老师关于如何提高艺术修养水平的高论。在胡经之15岁的时候，何阡陌给他推荐了朱光潜的《谈美》一书，更进一步引发了他对美学的兴趣。而在此之前，父亲曾经给他买过朱光潜的《给青年的十二封信》，是一本讨论美学问题的通俗读物，如今他又读了《谈美》，虽然不能够完全理解，但是，朱光潜的美学思想已经在他的脑海里留下了深刻的印象。胡经之清楚记得，在《谈美》中，朱先生论证了人们对古松的三种态度：实用的、科学的、美感的，深入浅出，使他豁然开朗，心悦诚服，一生都受用不尽。但是，当他读到朱先生谈及只有艺术才有美，自然则无所谓美时，则深感困惑。因为，从他自己的审美经验出发,他感到自然风光也美,比如他熟悉的梅村风光、太湖景色等,每看到它们,就会有一种心旷神怡的感觉。朱先生怎么却说自然无所谓美不美呢?他的这一困惑,引发了他大半辈子的学术探求。

1948 年夏,胡经之完成他中学阶段的学习,从梅村中华中学毕业。

三、激进过后求升华

胡经之中学毕业时,已满 15 岁。父亲胡定一希望他将来也成为一名老师,就鼓励他报考无锡县立师范学校。果然,如父亲所愿,1948 年暑假之后,

>> 重返江南第一镇(1999 年)

胡经之进入无锡师范学校，开始了他的师范学习生活。

无锡县立师范学校的校址就在梅村，而且就在胡经之熟悉的泰伯庙里。泰伯庙是为纪念泰伯兄弟而建立的，数千年来，一直是梅村及周边村民的信仰中心。乡民们把泰伯称为“让王”。每到正月初三，周围乡民都会来这里烧香、祭祀，祈求平安、幸福。

师范有自己的学生宿舍，从此，胡经之就离开祖母，搬进了泰伯庙后院的学生宿舍，开始独立生活。那时，他的小学老师陈友梅已从梅村高小调进师范学校。恰巧，陈先生又做他的班主任和语文老师。师生在这里重逢，又能聆听陈先生的教诲，胡经之的心里有说不出来的喜悦。

师范开设的课程和一般高中相比更为丰富，这是因为它的学生将来都是要做小学老师的，必须要适应师范专业的特点。在这诸多的课程中，有两门课胡经之最喜欢，一是班主任陈友梅的语文课，还有一门是音乐课。

延续中学时的写作兴趣，进入师范之后，胡经之更喜欢舞文弄墨了。他不把老师布置的作文当作一件可以敷衍的事，常常能够在其中找到连接自己情感的线。无论是写诗歌、散文，抑或论说，胡经之都能完成得精彩。这一点，让陈先生感到很欣慰。他的作文，陈先生经常拿到班级朗诵或讲评，作为优秀作文向同学们推荐。在无锡县立师范学校，陈先生是一位饱学名师，他作风严谨，性格刚直，能够受到陈先生的肯定，确属不易。

陈先生擅长中国文学，他讲古文，分析古典诗词，非常拿手，在讲述的过程中，常常自我陶醉，禁不住高声吟诵。同学们也经常被他感染。陈先生的言传身教，再次强化了胡经之对古典文学的兴趣，而先生也非常注意对胡经之这一兴趣的引导。1948 年冬，他从无锡城里买回许多书，把朱光潜的《诗论》送给胡经之。这是一本专门谈论古典诗歌之美的美学著作，深深吸引了胡经之，对他后来从事文艺美学的研究产生了很大的影响。

胡经之喜爱的另一门课程是音乐。当时，无锡师范聚集了一批有才华的音乐、绘画、木刻老师，他们都为躲避战乱而来，因此，艺术类课程开设得丰富多彩。音乐教师的合理教学与引导，开发了胡经之的音乐潜能，激发了他对音乐的喜爱，使他终身受益无穷。在胡经之的记忆里，对教他音乐的两位老师印象都非常深刻，一位是从台湾新竹来的年轻女老师，歌唱得非常好，同学们都称她是“小黄鹂鸟”；另一位是音乐指挥，教他钢琴，对音乐的要求很严格。在这种氛围中，胡经之受到了比较正规的音乐教育。胡经之喜爱音乐，还与他父亲的影响分不开。他父亲胡定一从小就学过江南丝竹，会拉二胡，又会吹笛箫，他演奏的江南小调、广东音乐，都深深吸引着胡经之。而在平时，遇到好的民间艺人演唱，胡经之也会不自觉地凑上前去，听得如痴如醉。在无锡城里，他亲眼见过瞎子阿炳（华彦钧），听过他演奏的二胡乐曲。从小受过这样的音乐熏陶，再加之无锡师范正规的音乐教育，使得胡经之对音乐的兴趣更加浓郁，他逐渐迷上了这门艺术。

胡经之对音乐的喜爱是自觉的，他不为展示才艺，而是切实把它转化为审美意识。在音乐中，他能获得极大的审美满足。这为他日后从事文艺学和美学的研究提供了便利。他喜欢演奏，更喜欢欣赏，无论是江南丝竹、广东音乐、民歌、苏州评弹、锡剧，还是西洋音乐，都能感染他，使他获得极大的精神享受。

从 1945 年到 1948 年将近四年的时间，是胡经之安心读书的时光。到了 1949 年初，全国的政治形势发生了很大的变化。国民党在战场上节节败退，被迫退守长江以南，渡江战役的展开，把大战的硝烟吹到江南。在这种形势下，胡经之也被推上激进的历史舞台，卷入到波涛滚滚的时代洪流之中，暂时不能过平静的读书生活。在解放大军即将渡江南下之前，共产党的地下组织找到当班长的胡经之，要求他组织进步学生发起护校运动。不久，胡经之加入了新民主主义青年团。江南解放之后，胡经之被推举为无锡县立师范学校的学生自治会主席，从此，走上了政治舞台。他参与了许多当地重大的政治活动，被推举为无锡县第一、二、三、四届人民代表，并受邀任首届苏南人民代表，和荣德生等一起参政议政。

1950年初，无锡县30多所中等学校成立了无锡县学生联合会，胡经之当选为主席。当上县学联主席之后的胡经之，活动已不限于梅村。他经常背着背包，往返于梅村与各地之间，足迹遍及无锡、苏州、常州、南京、镇江、江阴等地，协调各地学生之间的关系，以便更好地参与社会。那时的生活条件非常艰苦，出门办公事都是自带行李，吃住极为简陋，即使参加一些重要的活动也是如此。胡经之清楚记得，无锡县第一届人民代表大会召开的时候，上百人自带被褥，睡在一间破旧的厂房中。

1950年10月25日，首届苏南人民代表会议在无锡召开，参加这次会议的有很多政界、军界、实业界的名流。胡经之也应邀参加了这次会议。大会主席是陈丕显，后来曾任上海市委书记。在会上，胡经之还见过身穿长袍马褂的著名实业家荣德生（荣毅仁的父亲）。那时还未曾成立江苏省，苏南和苏北尚分开管理。

1951年夏天，在轰轰烈烈的社会活动中，胡经之完成了学业，从无锡县立师范学校毕业。

三年的师范学习，参与了两年多的社会政治活动，如果按照当时人生的发展逻辑来推测，胡经之应该进入政界，成为一名党政官员。其实，胡经之也具备这个条件。时任无锡县县长的张卓如是父亲胡定一的好友，因经常到县里开会，常常见面，他非常熟悉胡经之。他几次劝导胡经之，希望他进入县里从事专职的学生工作。可是，胡经之却没有走上从政的道路。师范毕业之后，他默默地去了锡北，先在陈墅小学，像他父亲一样做了一名小学教师,后来又到了严家桥中学补习班,所教的课程也像他父亲一样,是语文、写作、历史、音乐。

当时,很多人都不明白,胡经之为什么要这样做。其实,他做出这样的选择,是为继续读书做准备。他贪恋书斋生活,想上大学,继续深造。而按照当时的规定,师范毕业生不能直接升入大学,必须去教书。于是,胡经之就找到了比他高一届的师范同学,请他帮忙协调。经过一番协调之后,那位学长回复胡经之,先去教一年书,然后,就放他去考大学。于是,胡经之就先去陈墅小学教半年,然后,又去严家桥中学补习班半年。1952 年夏,在严家桥,胡经之送走了他的补习班的学生,尔后告别了学校,告别了无锡,回到苏州的家里。

在苏州,胡经之整日埋头于图书馆,全力以赴准备大学入学考试。不久,全国高校院系调整完成,首次统一招生考试在江苏师范学院(原东吴大学,今苏州大学)举行,胡经之以同等学力的资格如愿以偿地参加了这次考试。那一年,凡是考取大学的考生名字都要在当地的报纸上公布,于是,胡经之和考生们天天去玄妙观买报看。不久,结果公布出来,胡经之在报纸上看到了自己在北京大学的录取名单中。

看到自己被北京大学录取的一刹那,胡经之非常兴奋,转瞬间,一种莫名的忧伤袭来心头。他不知道该怎样面对父亲,好像做了件亏心事似的。因为父亲是不希望他离开江南的,希望他报考江南的高校,可是他却背着父亲报考了北京大学。一回到家里,他便躲着不敢见父亲。胡定一得知之后,确实有点伤心,但是,他也无可奈何,木已成舟,也只能由着儿子了。

胡经之把他考取北京大学的消息立即写信告诉了他的两位恩师陈友梅、何阡陌,两位恩师非常高兴,回信勉励他,希望他在学业上能够出人头地。在去北京之前,胡经之专门去了一趟无锡,再一次当面聆听了先生们的教诲。

胡经之之所以不走从政之路，是因为在那两年多的政治实践活动中真切地体会到了自己的性格不适合从政。一旦从政就需要不断地去参加社会活动，想安静地坐下来读书是根本不可能的事。而胡经之生性爱静，喜欢闭门读书，思考学问。他早已给自己确立了目标，那就是希望自己将来也能成为像钱穆那样的学者。在师范毕业前，他曾随师范学校的教导主任去南京探望、慰问参加军校的同学，见识了“总统府”，参观了中山陵，亲眼面对那龙盘虎踞的金陵形势。这是他第一次这么远地走出家门，见过这样大的世面。那时，他的心里就突然产生一种想法，既然外面的世界是这样的广阔，单单活动在家门是不行的，他要走出无锡，走出苏州，走向更大的世界。新中国成立，意味着武装夺取政权取得成功，国家不再需要战争；而国家要繁荣昌

>> 告别苏州赴燕园（1952 年，后左为胡经之）

盛,还是要依靠教育,应培养更多年轻的建设人才。他要去读书,学习更多的知识,为建设新中国出力。就是这样,胡经之在对祖国未来的无限憧憬中,告别了亲人,告别了养育他19年的江南山水,踏上了北去的列车。

第二章　问学京师燕园

1952 年深秋,胡经之与吴中弟子约 20 人,结伴去北京大学就读。他们先到上海,从沪宁线起点站乘火车,经过了将近三天的长途跋涉,终于到了北京的前门车站。大家都是第一次来北京,又带了许多行李,不知道这里离北京大学有多远,路怎么走,希望学校能派车来接。于是,他们就打电话给北大说明情况。学校答应了他们的请求,会立即派车,要求他们在火车站等候。在等车的间隙,胡经之和几位同学走过红墙,来到了天安门广场。当时,北京的天气已经很凉,风一阵阵吹来,他们的脊梁都有一种冷飕飕的感觉。天安门广场是举行开国大典的地方,也是他们每个人都向往的地方。然而,一看见天安门,他们的第一感觉是,虽然壮观,但是,远远不像他们从画面上看到和想象的那样美。到处是灰土,北风一吹,沙尘四起。他们不敢在广场耽搁太长时间,很快又回到了车站。好不容易等来了学校的车,定睛一看,原来是一辆烧木炭的黑色旧卡车。大家手忙脚乱地爬上车。卡车驶出了前门,走的是高低不平的石板路,一路上又吵又颠,他们各个都狼狈不堪。颠簸了近一个小时,总算开进了北大的新校舍——燕园。此时,已是午饭时间。这些苏州学生本以为可以吃到苏州普通人家的四菜一汤。可是,等到饭一抬出来,大家又傻了眼,原来是一大筐半热的胡萝卜饭。接待他们的老同学说,就这还是专门招待客人的,叫抓饭,平时他们吃的都是玉米窝头。胡经之无论如何也想不到,那时的北京生活竟如此艰苦!顿时,他的心情沮丧起来。然而,等到他沿着未名湖转了一圈,原本沮丧的心情就逐渐平静了下来。他一下子就发现,这是一个可以安心读书的好地方。

一、博览群书广访师

胡经之酷爱自然美景,因此,北大的自然景色能够转移他对艰苦生活的注意力。他喜欢未名湖的湖光塔影、亭台楼阁,喜欢站在未名湖畔的土山包上眺望西山的景致,每当这时,心里便有说不出来的舒畅。美妙的自然风光成为胡经之的精神支柱之一,他渐渐感到,北京也有许多可爱之处。就是这样,胡经之在燕园停留下来,在那里度过了一生最为珍贵的30多个春秋。在那最艰难的岁月,从苏州来的20位学子大多回到了江南故乡,只剩下少数几位坚守北大。而胡经之便是其中之一。

在北大沉淀下来之后，胡经之发觉，北大最吸引人的地方是名师云集。那时，全国高校院系调整刚刚完成，清华大学、燕京大学的人文学科都合并到了北大，各校的名师也都汇集到北大。其中，就有胡经之景仰的许多学者，如朱光潜、宗白华、杨晦、游国恩、林庚、吴组缃、冯至、季羡林、浦江清、王瑶等。显然，这是一个问学的绝好去处。喜爱文学艺术的胡经之没有理由不好好利用这一条件。于是，他稍做调整，除了认真上课之外，他做的最重要的一件事就是广访名师，登门求教。

>> 与导师杨晦先生合影（1956 年）

第一学期开设的专业课是文学概论和中国新文学史，分别由杨晦和王瑶两位教授主讲。杨晦讲授文学概论，王瑶讲授中国新文学史。由于胡经之是班级的学习委员，自然和老师们的接触就更多一些，不少老师最早认识的就是胡经之。因为喜爱文学理论，胡经之又被推举为文学概论课的课代表，从此，和杨晦结下了不解的师生情缘。他一生的学术与人生道路都与杨晦有着密切的关联。杨晦早年毕业于北京大学哲学系，是著名作家、文学评论家、翻译家。新中国成立前，曾经出版过《文艺与社会》一书。早在五四时期，他就是一位风云人物。他曾经与游行的学生一道首先闯进了卖国贼、北洋政府外交次长曹汝霖的住所赵家楼，痛打章宗祥。后来，与冯至、陈炜谟等人创办了沉钟社，是现代文坛上的显赫人物。杨晦先后在多所大学教过书，辗转大半个中国。在担任胡经之所在班级文学概论老师的时候,他刚刚50出头,但已鬓发斑白,满脸沧桑。他朴实、慈祥、和蔼,对青年学生爱护有加,大家都说他像鲁迅。因为是课代表,要经常向老师反映同学们的学习要求,收交班级作业,胡经之就有机会经常去燕东园37号杨晦的住所,当面向他请教,聆听他的教诲。在他的引导下,胡经之渐渐走上了文艺理论和美学的研究道路。

杨晦给他们开了一年的文学概论课,没有教材,也没有教学大纲,同学们只是听他讲,记记笔记,其余的事情就是按照他推荐的书目自己去阅读。他古今中外,旁征博引,涉猎非常广泛,很多同学都感到天马行空,难以捉摸。即使按照他的要求去读书,也还是不能完全理解。胡经之清楚记得杨晦曾经在课堂上发挥文艺的公转律和自转律的问题。依他之见,文艺围绕着社会公转,受社会的制约,服从社会规律,就像地球围绕太阳公转一样;但文艺又有自转的规律,就像地球自身在旋转一样。由此,他断定,文艺是由自律与他律合力作用的结果。这种看法对胡经之后来的文艺美学研究产生了很大的启发。

在燕东园37号杨晦的住所,胡经之曾经向他请教过如何学习美学的问题。杨晦要求胡经之从近代以来的著名学者如蔡元培、梁启超、王国维等人的著作开始读起,先了解近现代美学研究的状况。从1953年初开始差不多一年的时间,胡经之集中阅读五四前后的美学著作,除了蔡元培、梁启超、王国维的著作之外,还有朱光潜、丰子恺、陈望道、李安宅、张竞生、范寿康、吕澂等人的著作,甚至还读了周扬的《马克思主义与文艺》,做了不少笔记。

当时,何其芳的夫人牟决鸣在胡经之所在的班级进修,同学们都尊称她为大姐,她经常邀请胡经之去她家做客,这样,胡经之就认识了何其芳,经常向他请教问题。而何其芳又是杨晦的邻居,因此,胡经之一去杨先生或何先生家,能同时见到两位。杨先生要求胡经之广泛学习,抓住机会多向一些著

>> 燕园比邻朱光潜(1969 年)

名学者请教。同时,他也不断地给胡经之制造机会,经常会以送书或其他的名义介绍他与一些著名学者相识。胡经之与冯至、蔡仪、朱光潜等先生的相识,就是通过送书这种形式实现的。这些先生都不在中文系,有的还不是北大老师。冯至是西语系主任,朱光潜也在西语系,而蔡仪则在中国科学院文学研究所。他们虽然住在燕园,由于不是一个单位,结交可能会有一定的困难,所以,杨先生就给他创造一些有利的条件。胡经之第一次见到朱光潜是 1952 年底。那时,朱先生住在校医院北边佟府的一幢旧平房里,正值穷愁潦倒之际,心情很不好。胡经之见到他时感到他有些沉默寡言,见到胡经之来访,他只是简单地打了个招呼,就不再言语。然而,得知胡经之是杨晦的学生,朱先生立刻变得开朗起来,嘘寒问暖。从此,胡经之就把朱光潜当作自己的老师,经常问学。“反右”以后,朱先生的生活待遇好转,学校安排他迁入原燕京大学校长陆志韦的住宅。胡经之毕业留在北大之后,有好几年也住在燕东园 27 号他的楼下,成为邻居。他们一直交往了 30 多年,直到胡经之离开北大去了深圳。

胡经之非常珍惜燕园的学习时光,读书非常刻苦。除了上课、睡觉之外,他差不多把时间都无私地奉献给了图书馆。早上起来,匆忙吃完早点,立刻飞步去图书馆抢占位子,若有课,课一结束又立即去图书馆,直到夜晚快要熄灯的时候,才匆匆从图书馆回到宿舍。他如饥似渴地读书,读得最多的是欧洲、美国、俄国的文学名著,以及国内外的文艺学、美学著作,特别关注文学、音乐、绘画理论。在他的大脑里,始终盘旋着这么一个问题:文学艺术为什么会有这么大的吸引力吸引众多的读者与观众?他想弄清楚这个问题。就这个问题,他曾经和杨晦、朱光潜等讨论了多次。

因为适应不了北方的饮食,加之读书用功,吃饭没有规律,第一学期没有过完,胡经之就得了胃病,接着又患上阑尾炎。阑尾炎手术之后,胡经之被安排到学校的胃病食堂就餐,饮食相对好一些,他的身体也逐渐恢复。也就在胃病食堂,胡经之结识了鲁迅的儿子——正在北大物理系读书的周海婴。当时,周海婴也得了严重的胃病,他们同桌吃饭,同病相怜,又用吴语交谈,很快成为朋友。通过周海婴,胡经之认识了许广平,常常出入他们的景山东街住所。后来,胡经之在担任西哈努克亲王王子那拉·迪波的文艺老师时,还带王子专程拜访许广平,许广平特地送给王子一套用紫檀木匣珍藏的《鲁迅全集》。

1953 年新学期开始之后,中文系开设了许多中国古典文学方面的课程。

这就像一出大戏，精彩的场景循序渐进地展开，令胡经之有乱花迷眼之感。当时，游国恩给他们讲授先秦两汉文学；林庚给他们讲唐诗；浦江清给他们讲宋词、元曲，吴组缃给他们讲明清小说，后来，又专门讲《红楼梦》专题。老师们的精彩讲解，在胡经之的眼前逐渐展现出一幅绚烂多彩的中国古典文学画卷。他如饥似渴地阅读，迷恋上了苏东坡、范成大、郑板桥、曹雪芹等人的作品。他喜欢苏轼的豪放与婉约兼备，喜欢范成大笔下的江南水乡——它勾起了他童年的许多记忆，喜欢郑板桥的清新脱俗，喜欢曹雪芹的细腻、凄美。这些作家都曾经撩拨起他的情感神经，在他的内心打上一个个深深的情感烙印。受这些名师的熏陶，后来他曾专门写过郑板桥评传，集中一段时间研究过《红楼梦》。

>> 百年校庆访林庚（1998 年）

胡经之有充沛的精力和良好的协调能力，非常善于调节学习与社会活动的关系，把社会活动也能糅合到自己学习之中，将它视为自己学习的一个非常重要的内容。在无锡师范学校读书的时候，他的这种能力就已经凸显。那个时候，他参加了许多社会活动，读的书依然很多，学习成绩依然优秀。在北大，胡经之又一次展示了自己的这种能力。他接受中文系的安排，担任《北京大学校刊》的记者，经常采访一些著名的学者，写成专访发表在校刊上。经胡经之采访过的著名学者就有何其芳、冯至、曹靖华、蔡仪、周一良等人。那时，胡经之经常西装革履，在校园独来独往，加之他的文名，很多老师和同学都记住了他。在采访的过程中，胡经之也学到了很多东西。

从大学三年级开始，胡经之把他的阅读重点又放到外国文学上。那时，俄语系主任曹靖华给他们讲授俄国文学，西语系主任冯至讲授德国文学，东语系主任季羡林讲授印度文学，闻家驷、杨周翰、李赋宁等讲授英国、法国、美国文学。这些教授都是著名的翻译家、各研究领域的大家，胡经之当然不会放过这一绝好的学习与请教的机会。他不仅课堂上认真听讲，而且课下广泛阅读，虚心请教，对外国文学史、文学理论及美学有了相对完整的了解。同时，他还有针对性地阅读，对巴尔扎克、莫泊桑、托尔斯泰等作家关注较多。也是这一年，吴组缃给他们开设了现代文学作品选读，章廷谦（川岛）给他们开设了文学写作，受这些课程的影响，胡经之尝试着写文学评论，同时，旧梦重温，又写起了散文与随笔。

胡经之在北大读书时期正赶上了好时光。当时，北大校长是马寅初，党委书记、常务副校长是著名教育家江隆基。他们鼓励北大的老师百家争鸣，创学术名牌，把自己最有研究的学问讲出来。在这种环境下，胡经之受益良多。三年多的大学生活，胡经之抓住了这大好的学习时机，紧张地过着三点（宿舍、教室、图书馆）一线的学习生活，从不放过任何一次向名师请教的机

>> 深大校园迎王瑶(1986 年)

会。他兴趣广泛,文学、美术、音乐、电影无不涉猎,由此他的阅读面也变得很广。这无形中拓宽了他的知识视野,为他后来研究文艺美学、文化美学奠定了坚实的基础。

二、旁听苏联专家课

在博览群书和广访师友的过程中,胡经之越来越觉得自己的最大兴趣还是在美学和文艺学上。那时,中国正处在学习苏联的热潮之中,胡经之想很快了解苏联的文艺学和美学状况。而就在此时,北大举办了由苏联文艺学家毕达可夫主讲的文艺理论研究班。作为经文艺理论研究班班主任杨晦特准的旁听生,胡经之见证了这个班的学习过程。

1954 年的春天，注定要在中国现代文艺学的发展史上留下一页，苏联专家毕达可夫来到了北京大学。

毕达可夫毕业于莫斯科大学，是苏联著名文艺理论家季摩菲耶夫的学生。他来中国前是基辅大学的副教授，主讲文艺学与文学批评等方面的课程。毕达可夫来中国，是受高等教育部和北京大学的聘请，其目的是为中国的高校培养文艺学方面的师资，以便把文艺理论的建设纳入马克思主义的轨道。

>> 北大毕业时留影(1955 年周海婴摄)

苏联文艺学和美学进入中国的大学讲堂，有其历史发展的必然性。在新中国成立之前的大学里，文学理论并非必备的课程，只有少数学校开设。那时高校开设的文学理论课程，五花八门，各显神通。有的只讲中国传统文论，如程千帆开课，只讲他的《文论要诠》；有的介绍国外的文论，如鲁迅开课，以日本美学家厨川白村的《苦闷的象征》作为教材；还有学者专门谈新文学的创作经验，如郁达夫、老舍所开的课。他们都有自己的《文学概论讲义》。新中国成立之初，大学虽有文学理论课程，但既无统一的教学大纲，更无规范的教科书，全靠主讲老师自己发挥，因而，引起了青年学生的不满。如在山东大学，针对吕荧教授讲授的文学概论，学生李希凡就曾经在《文艺报》上发表批评意见。在 1951—1952 年间，大约有半年多的时间，《文艺报》专门针对高校文艺学的教学展开争论，最后归结到要用马克思主义改造文艺学。可是，没有教材，没有教学大纲,也不知道到底应该怎样讲授这门课。在这种情形下,高教部想起来请苏联帮忙,要求苏联派一些文艺学的专家来中国讲学,为中国高校培养文艺理论课程的师资,帮助中国发展文艺学学科。

毕达可夫到北大做的第一件事,就是帮助中文系建立起文艺理论教研室,由系主任杨晦兼教研室主任。然后,由北京大学中文系文艺理论教研室牵头,举办文艺理论研究班,由毕达可夫主讲文艺学引论。

1954 年 4 月,文艺理论研究班开班,正式研究生共有 15 人,分别来自北京大学中文、西语、俄语等系的四年级学生,其中,西语系 8 人,俄语系 2 人,中文系 5 人。他们将来的任务就是到全国各高等学校和研究机构,从事文艺学的教学和研究。除此之外,还有从全国各高等学校抽调而来的文艺学骨干教师,如复旦大学的蒋孔阳,陕西师范大学的霍松林,武汉大学的王文生、胡国瑞,云南大学的张文勋,山东大学的吕慧鹃,中山大学的邱世友,厦门大学的蔡厚示,南京大学的杨咏祁,西北大学的郝御风,东北师范大学的李树谦等。北京大学俄语系俄罗斯苏联文学研究班的全体学员也到班上听课。文艺理论研究班的班主任是杨晦。对 15 位文艺理论研究班的正式学员,要求必须做学年论文和毕业论文,中文系派专门的老师一对一指导。毕达可夫只是授课,每周四小时。由于毕达可夫不通汉语,全程用俄语讲授,需要翻译,因此,讲课的时间拖得很长,有将近一年半的时光。

胡经之当时是三年级学生,没有资格参加文艺理论研究班,因为喜爱文艺理论,杨晦特许他去班上旁听,成为班上的非正式学员,但是,要按照正式学员的要求,必须写结业论文。系里给胡经之分配的指导老师为钱学熙教授。杨先生告诫胡经之:文艺理论是从实践中来的,中国有自己的文艺实践,苏联的文艺理论只是作为我们的参考,不能照搬,还是要总结我们自己民族的东西。胡经之把这些都记在心里。也就是在这个班上,胡经之结识了蒋孔阳等人。

胡经之听毕达可夫的讲解，觉得他的那一套理论基本上还是季摩菲耶夫《文学原理》的体系，哲学基础是认识论，框架显得过大且空，经济基础、上层建筑、阶级性、党性讲得很多。在大构架下又增加了一些技法理论，添加了一些俄罗斯古典文学作品的例证，条理虽然比较清晰，但是却显得非常烦琐。尽管如此，胡经之还是报以很大的热情，认真听完了两个多学期。

那时，学员们尤其是从全国各高校来的老师们，听课的积极性都非常高，一些教学经验比较丰富的老师，利用这一千载难逢的时机编起了自己的文艺理论教材。蒋孔阳开始撰写他的《文学的基本知识》，霍松林开始构思自己的《文艺学概论》。文艺理论研究班结束不久，他们的教材就出版了，开始在全国高校流行。当时，也有一些老师一边听课，一边就把自己的笔记寄回所在学校，作为教学的参考，以应付教学之急。

毕达可夫的课 1955 年夏就结束了，而文艺理论研究班实际上一直延续到 1957 年 4 月才算结束，因为到那时有些研究生的毕业论文才真正完成。后来，这 15 位正式学员真正从事文艺理论研究的并不多，很多学外语的人又都回归他们的老本行，其中的原因自然非常复杂。但是，那些从全国高校抽调来听课的老师们却成为文艺理论教学与研究的骨干，他们构成了 20 世纪 50 年代以后中国文艺理论研究的一道亮丽景观。

胡经之按时完成了他的结业论文。1955 年 8 月，他提交了《论文学的人民性——兼论现实主义和浪漫主义》作为结业论文。这篇文章约 3 万字，指导老师为钱学熙教授。在这篇文章中，胡经之按照当时的思维模式，以现实主义和浪漫主义的创作实践为参照，思考了文学的人民性问题。今天看来，在那个片面突出文学的阶级性的时代，胡经之却倾心探求文学的人民性，确有积极的意义。在有些方面，他超越了当时的思维局限，不是泛泛而论人民性，而是结合了文学创作的特征，从艺术形象的创造中揭示作品的人民性和阶级性的关系。他的思考带有一定的审美成分。

在胡经之看来，文学的人民性是指“作品中渗透着和人民相通或一致的思想感情”。“作为艺术中的一种，文学的人民性不仅和作家的创作方法有关，而且与作家的世界观有关，更直接和作家的人生实践发生密切联系。作家对人民究竟是一种什么态度，这是决定文学是否具有人民性的关键；而作家是否为后代留下了可供广大人民享受的真善美的精神食粮，乃是评价文学是否具有人民性的根本原则。”①他以古今中外大量的文学创作实践为例来说明这一问题。具有人民性的文学作品要表达人们的要求、愿望、情感，关心民间疾苦、祖国命运，批判、揭露社会黑暗，能够被人民群众理解、喜爱。同时，他还强调，不能以阶级出身作为唯一的标准评判文学的人民性。通过对文学史的考察，胡经之得出了这样的结论：“直接出身于被统治阶级并站在人民立场反映人民利益的作家是非常稀少的。相反，许多伟大的现实主义作家和浪漫主义作家大都出身于统治阶级家庭。”②由于他们接触现实，同情人民疾苦，以文学的形象反映出时代的现实情况，表达了人民的思想、情感、要求和愿望，因此，他们的作品具有人民性。

比较有意味的是，胡经之将人民性与文学形象联系起来，从审美上探讨了人民性的理论内涵。他说：“作家从生活中获得了丰富的人生体验，通过形象的创造，把这些人生体验组织起来，运用生动的语言表达出来。这里，就存在着不同的创作方法。创作方法，就是文学如何把自己的人生体验组

---

①胡经之：《论文学的人民性——兼论现实主义和浪漫主义》，1955 年 8 月提交的文学理论研究班结业论文，未刊稿，该稿已收入即将出版的《胡经之文集》第一卷（海天出版社）。

②胡经之：《论文学的人民性——兼论现实主义和浪漫主义》，未刊稿。

织起来的方法,构造艺术形象的方法。"①现实主义和浪漫主义就是构造文学形象的两种方法。胡经之进一步分析了这两种创作方法在构造艺术形象过程中所呈现出来的不同的特点。他指出,浪漫主义是表现性的、超常性的,在创作意向上具有积极和消极的差异性;而现实主义是再现性的、自然的、典型性的。它们都能够创造出具有高品质的审美形象。

胡经之参加文艺理论研究班、旁听毕达可夫讲课的最大收获,就是了解了苏联文艺学的基本格局,从而引发了他进一步全面深入了解苏联文艺学、美学发展的兴趣。后来,他在撰写副博士论文时,就吸收了当时苏联正在兴起的价值哲学观念来分析艺术现象,这不能不归益于这一阶段读书与学习的启发。

三、闭门攻读副博士

胡经之读了三年多书,还没来得及考虑毕业后去做什么,北大人事部门却找上了他,从而也给他的学习经历带来了一个小小的波折。

1955 年底的一天,北京大学人事处突然来人找胡经之谈话,要他提前毕业去当研究生。人事处负责人告诉他,为了加强全国高校的政治思想教育工作,经周恩来总理批准,决定从北京大学、复旦大学等校的应届毕业生中抽调少量优秀的学生,提前半年毕业,去中国人民大学马列主义研究生班研习马克思主义,将来从事高校的政治工作,他被选中。当时,胡经之心里并不情愿。可是,那时的信念是一切听从党的召唤。他二话没说,拿着学校的介绍信就去了中国人民大学,甚至来不及给杨晦等老师道别。他也没有想

---

①胡经之:《论文学的人民性——兼论现实主义和浪漫主义》,未刊稿。

到，杨晦压根儿就不知道这件事。

到了人大之后，胡经之才发现，参加这个研究生班的大多数人是从全国著名高校来的青年教师，而抽调的应届毕业生只是少数。课程平时不多，其余时间主要是自己读书、研究以及参观考察。胡经之来北京将近四年了，由于只顾埋头读书，仅去过北大附近的颐和园，连长城都没去过，出了海淀，他就不知道北京是什么样子了。而在研究生班半年的时间里，他随班级走遍了故宫博物院、天坛、北海、什刹海等名胜古迹，而且还去了长城、十三陵、卢沟桥、西山八大处、北京猿人洞等地，也算是弥补了这几年的缺憾。但是，这并不能抹去胡经之内心的失落。他虽然对哲学也感兴趣，但是，他更喜欢文艺学，平时思考的还是文学艺术问题。

天赐良机，胡经之碰上一个好的机会。1956 年春，他看到了政务院发布的一则公告，国家准备在北大、复旦等名校模仿苏联试行副博士研究生制度，将在秋季招生，学制四年。这消息一下子叩动了他的心弦。不久，北京大学公布了首届副博士研究生招生简章，上面列有指导老师的名单，杨晦的名字赫然在列，他招收的正是胡经之向往的文艺学副博士研究生。看到这一消息，他欣喜若狂，再也平静不下来了，他决定要考杨晦的副博士研究生，必须把这种想法尽快告诉老师。他当机立断，当天就去找先生。他从人大一口气跑到了燕东园 37 号。

几个月没见老师了，乍一见面，感到尤其亲切。来不及更多的寒暄，他直截了当向先生表明了自己的想法：想考他的副博士研究生。杨晦说，那好啊！你真想从事学术研究，就来读好了。而且，你还可以不用考。招生条件上有这么一条，应届毕业生中的优秀者，可以由单位保送，免试直接攻读副博士研究生。你完全符合这个条件。胡经之问，他现在是中国人民大学的马列主义研究生班的研究生，还可以来读吗？杨先生一下子傻了眼，他并不知道胡经之已去了人民大学。他吃惊地问胡经之什么时候去的人民大学，他怎么不知道。胡经之就把人事处如何找他谈话、如何提前毕业去人大的过程一五一十地告诉了老师，同时，也把自己内心的委屈倾诉给了老师。

得知这一情况，杨先生陷入沉默。他思索良久，对胡经之说：我不知道你已离开北大，我希望你回来，但可能有些麻烦。我会尽力帮助你，让北大中文系接收你回来，作为应届毕业生重新分配工作，留下来直接攻读副博士研究生。问题是人民大学要肯放，不放就麻烦了。他叫胡经之去做做工作，想方设法让人民大学放人。

恩师的一席话，使胡经之感到非常温暖，心情异常激动。他暗下决心，必须办成这件事，一定要好好做学问，力争在文艺学的研究中做出一些成绩，以此来报答先生的知遇之恩。

回到人大，胡经之立即向研究生班的班主任张腾霄递交了回北大的申请。张腾霄表示，非常理解他的心情，人大不会阻拦，但是，这个班是高教部培养人才规划中的一部分，每个人的流动必须要经过高教部批准，要求他到高教部去疏通。于是，胡经之就直接跑到高教部，找到政治教育司，陈说自己的理由。可是，政治教育司不说不行，只说要研究研究，就是拖着不放人。他一连去找了几次，都没有效果。然而，胡经之并没有灰心。他绞尽脑汁，再想其他办法，忽然想起了他的无锡同乡严慰冰。

在来北京之前，胡经之向他的中学老师陈友梅告别时，陈老师就曾经叮嘱过他：到北京后，一定要去看看严慰冰，她是陆定一的夫人，也是他中学教过的学生。起初，胡经之不知道严慰冰住在哪里，也不知道她在什么单位工作。到 1953 年冬，他才听周海婴说，严慰冰已从中国人民大学马列主义研究班毕业，要到北大来任教了。1954 年初，他的一位刚考取北大法律系的表弟告诉他，正在给他上政治课的老师就叫严慰冰。海婴又帮他打听到了确切地址，他跟海婴一起，终于在北大见到了严慰冰。严慰冰和李希凡都是从人大马列主义研究生班出来的，比胡经之早两年。同时，严慰冰也是一位文学爱好者，在教学之余，经常写一些小说、散文、诗歌，这样，就与胡经之有共同话语。她曾经以她父亲严朴烈士的事迹为题材，写了一首长诗《于立鹤》，发表前征求过胡经之的意见。她的妈妈是无锡的一位老革命，一见到胡经之，就用无锡话跟他聊一些家乡的话题，显得非常亲切。后来，每逢节假日，严慰冰常常会邀请胡经之到中南海增福堂一起过。在她的家里，胡经之见过几次陆定一。胡经之知道，高官家庭有很多事情，也有很多难处，正是有这种体谅，他从来没有请严慰冰帮过任何忙。可这一次情急万分，万一不成功，会影响他的一生。何不找一下这位学姐加同乡，请她想想办法？于是，胡经之再一次来到中南海增福堂。

这次严慰冰帮了一个大忙。严慰冰说，人事调动当然要通过组织进行，但是，也要尊重个人意愿。你现在是高教部规划中的人才，但去北大攻读副博士研究生也是国家需要，应该鼓励、支持。她答应给高教部杨秀峰部长打招呼，放他回北大。

经过一番周折，终于，1956 年夏，胡经之又回到了北京大学。一切如杨晦设计，他先留在中文系文艺理论教研室当助教，1957 年春转为文艺学副博士研究生。

当时，考取北京大学文艺学副博士研究生的，除了胡经之外，还有三位，他们是严家炎、王世德、陈安湖。陈安湖没有入学，到北京见过杨晦后，就回到华中师范学院当他的讲师了。1958 年，北大中文系缺少现代文学教师，系里决定把严家炎转为讲师，去讲现代文学。只有胡经之与王世德两位坚持到最后，攻读文艺学整整四年。

胡经之非常珍惜这来之不易的时光，埋首书斋，非常勤奋。1954 年苏联

>> 与严家炎(中)、刘梦溪合影(1985 年)

专家来到北大之后,杨晦就转而专攻中国古代文艺思想。胡经之遵导师之命,先从中国古代文艺思想做起,花了两年多的时间集中阅读、研究中国古代的文艺理论,积累了大量第一手资料。期间,南京大学罗根泽教授正与复旦大学郭绍虞教授共同主编《中国古典文学理论批评专著选辑》,罗先生找到胡经之和吴小如,请他俩协助核校一些即将出版的古典文学理论经典。为此,胡经之经常去北大图书馆,按照罗先生的要求翻检古籍版本,帮助他核校了不少原典。在这一过程中,胡经之也学到了很多东西。

那时,美学界正在开展关于美的本质的争论,围绕着美的主观性、客观性等抽象问题,朱光潜、蔡仪、李泽厚等美学家唇枪舌剑,气氛非常热烈,也非常紧张。胡经之关注着这场争论,围绕争论的内容思索了很多。但是,他思索的重点不是美的本质，而是文学艺术的魅力。在听过杨晦的中国古代文艺思想、钱学熙的西方文论课后，胡经之将他的思考进一步深化，逐渐有了一个比较明确的想法。在他看来，文艺学太政治化，美学又太抽象，能不能将两者融合在一起呢？他把自己的这一想法与杨晦讨论，得到了先生的支持。杨先生赞同他继续深入思考，并建议他多去找朱光潜、宗白华两位先生请教。打那以后，胡经之就成为朱光潜、宗白华两位先生家的常客。研究生的后一阶段，他跑到哲学系听朱光潜的西方美学史、宗白华的中国美学史，两位先生的课给他启发很大。随后，胡经之明确了自己的研究生毕业论文选题：古典艺术为何至今还有艺术魅力？他要尝试从一个新的角度即价值论观念来考察文艺，从客体价值（真善美）和主体接受（审美感受）两方面统一的角度来解释这种现象。

就在 1957 年胡经之刚回北大不久，一场轰轰烈烈的"反右"运动开始了，整个中国沸沸扬扬，好不热闹。北大校园更不平静，很多老师和学生都被卷入到这一浪潮之中。胡经之因为刚从人大回来，虽然名义上是助教，但又是副博士研究生。他可以不参加教师的会议，也可以不参加学生活动。他把整个心思都放在了读书上，闭门不出，攻读副博士课程。这不仅避免了许多不必要的麻烦，同时也为他的知识基础增了砖、添了瓦。为此，胡经之一直感激恩师杨晦，是他帮助自己躲过了一场可能会发生的人生劫难。

>> 未名湖畔悟人生(1998 年)

第三章　展露学术头角

1958年,全国开展了轰轰烈烈的“大跃进”运动。这场运动调动了全国上下每一个人的神经,使全国人民都处在亢奋之中。这时的胡经之,也不可能再沉湎于平静的书斋生活,“躲进小楼成一统”。他不得不抬起头来,正视现实,关心现实,参与现实。这一年秋天,身为中共中央宣传部副部长的周扬带领何其芳、张光年、邵荃麟、林默涵、袁水拍等当时文艺界的著名理论家来到北京大学,为全校师生开设“马克思主义文艺理论”系列讲座。因为讲座是周扬主讲,北京大学高度重视。校长陆平亲自部署,由校学术委员会副主任魏建功具体负责,组织中文、哲学、历史、西语、俄语、东语等系的师生在大讲堂听讲座。为使讲座能顺利开展,魏建功和杨晦商量,决定让胡经之担任这个讲座的助教,具体负责和周扬等人联络有关讲座事宜。周扬等人在北大开讲座,是中国现代文艺发展史上的一个重要事件。胡经之亲历了这一事件,对他的学术发展也产生了一定的影响。

一、文艺评论显锋芒

周扬等人来北大开展讲座的目的，就是要建立中国自己的马克思主义文艺理论。毕达可夫主讲的文艺理论研究班结束后，中国的文艺批评弥漫的都是苏联的文艺理论，所有的东西都照抄、照搬。中国的文艺发展不可能与苏联一样，完全套用苏联的理论而忽视中国文艺自身的特点显然是不恰当的。周扬以及当时的意识形态高层可能正是看到了这种现象，认为中国还是要建设自己的理论。苏联有苏联的马克思主义文艺理论，中国也应该有自己的马克思主义文艺理论。中国的马克思主义文艺理论与苏联应该是有区别的。讲座之后，周扬又亲自主抓了高校教材《文学概论》和《美学》的编写，都可以看作这一思路的延续。

当时，胡经之正埋首于中国古典文艺理论的研读之中。为了更好地配合周扬等人办好讲座，他不得不放下古典，也开始关注马克思主义文艺理论，开始思索中国当下的文艺现实。

当杨晦向胡经之下达做周扬等人讲座助教的任务时，他既高兴，又担心。高兴的是老师对自己信任；担心的是，周扬等人都是文艺界的领导、知名人士，害怕自己万一有些问题处理不好，会给学校带来一些不良的影响。

对此，杨晦鼓励他要有信心。他对胡经之说，周扬等人虽然是领导，但是，为人还是比较随和的，不必顾虑太多。胡经之的主要任务有三个方面：一是和周扬等商量课程安排，二是沟通讲课者与听课者的关系，三是整理讲座者的讲稿，撰写学术综述。这一安排，给胡经之提供了接触文艺界高层的机会，也为他进入文艺界、在文学批评领域崭露头角提供了一个平台。

为了完成使命，胡经之开始认真研读马克思主义的文艺理论，关注文学艺术的当下现实。那时，周扬家住在沙滩后街，离北京大学很远。因为讲座的事要经常与周扬商量、沟通，胡经之曾经先后两次去周扬家里，两次去中宣部。周扬知道他是杨晦的学生，对他非常热情。在周扬的家里，除了商量讲座的事之外，他们还谈及了一些文艺理论问题，如当前文艺的现状、普列汉诺夫的文艺观、中国古代文艺理论、美学问题、艺术问题等。同时，胡经之还把自己读书思考的一些困惑说给周扬听，希望能够得到他的指导。周扬说，文艺必须关注当下，关注现实。古代、西方的文艺理论有很多有价值的遗产，这些遗产我们必须要清理，该继承的继承，该抛弃的抛弃，要将那些有价值的理论切实转化为对现代文艺创作、批评有用的东西。在与周扬的接触中，胡经之对他有这么一个印象：他为人热情、谦和，有思想，出言非常谨慎。他曾经反复叮嘱胡经之，他在北京大学的讲座讲稿，不要交给任何报刊发表，也不要外传。胡经之记住了周扬的话，从来都没有把他的讲稿向社会公开过。后来，在“文化大革命”中，周扬受到了冲击。有人向胡经之索要周扬在北大讲座的材料，以便罗织罪名，胡经之都谎说丢失。其实，他一直保存着听课笔记。

周扬在北京大学总共主讲了两次（第一次是 1958 年秋，第二次是 1959 年春），两次讲座都是围绕着如何建设中国自己的马克思主义文艺理论、美学问题来展开。他第一次课的“导论”就明确提出，要建立中国特色的马克思主义美学。每当他来讲课的时候,杨晦、朱光潜、宗白华等先生都来听。胡经之认真做着记录,并很快将讲座的主要内容写成学术综述,发表在《北京大学学报》上,向全国介绍这次讲座的情况。

随同周扬来北大开讲座的何其芳、张光年、邵荃麟、林默涵、袁水拍等人都是当时文坛上的著名作家、诗人、评论家、文联或作协的领导,他们都兼有作家、学者和政治家的身份。这其实是以周扬为首的中国文艺领导团队,正是他们左右着中国当代文艺理论的发展。

周扬等人的马克思主义文艺理论的讲座,在北大师生中产生了强烈的反响,激起了他们研究马克思主义文艺理论的兴趣。中文系 1955 级的学生在编写“红色”文学史的同时,部分学生动手编起了《毛泽东文艺思想概论》;1956 级的学生则集中力量编撰《马克思主义论文艺》,意图是想在 40 年代末周扬编撰的《马克思主义与文艺》的基础上,进一步充实与完善。这些行为,都得到了周扬的大力支持。

有了这么一个机遇,胡经之认识了周扬、张光年、邵荃麟、林默涵、袁水拍等人,由此,他开始向中国文坛迈进。在周扬等人来北大开讲座前,在毛泽东的引发下,全国文艺界就已经开展了文艺创作方法的大讨论,讨论的核心是现实主义和浪漫主义两结合的问题。胡经之在苏联专家主讲的文艺理论研究班结业论文中就曾经论述过这个问题。到了 1958 年底,讨论达到了高潮。自 1958 年 10 月到 12 月,全国文联、中国作家协会、《文艺报》等文艺组织与刊物纷纷行动起来组织讨论,举行了一系列研讨会,胡经之也加入讨论的行列。1958 年 10 月 31 日,中国作家协会组织了一场规模盛大的研讨会,张光年、邵荃麟、田汉、欧阳予倩等著名作家、批评家都参加了会议。会议邀请了北大的杨晦等人参加,胡经之也在邀请之列。在这次会议上,胡经之作了题为《关于革命的现实主义和革命的浪漫主义相结合》的发言。他明晰的观点、严密的逻辑推理，以及带有江南口音的语言，引起了老一辈作家的关注。有人在私底下打听他是哪位大学教授。本来在这众多的名家面前说话，胡经之是战战兢兢的，然而，听到这样的议论，他心里不免有些沾沾自喜。杨晦观察得非常仔细，在回北大的车上，他就给胡经之敲了警钟。他谆谆告诫胡经之：有人夸奖是好事，但是，不能自我陶醉，要把它当作鞭策，督促自己更深入地去探索真理。胡经之把这些话都记在心里。后来，他养成了说话谨慎、态度谦逊的个性，这是恩师教诲的结果。不久，《文艺报》1958年第23期就刊登出胡经之和老师杨晦的发言稿，影响更是遍及全国。就在此年，他被《文艺报》主编张光年聘为特约评论员。

《文艺报》是中国作家协会的机关刊物，创办于1949年，是新中国创刊最早的文艺评论杂志。它是新中国文艺风雨历程的见证者，许多重要的文艺事件都曾经在《文艺报》上刊发，许多重要的理论争鸣都由《文艺报》发起。胡经之成为《文艺报》的特约评论员，标志着他进入了一个新的领域——文艺界，从此，他与文艺界的交往就多了起来，他的生活已经不可能再像以前那样平静。他积极参与文艺评论活动，结识了一些同辈评论家如李希凡、李泽厚、阎纲等人。那时，约稿的报纸、杂志很多，使他无法有太多的精力应酬。

1958年底至1959年初，胡经之除了准备他的副博士研究生毕业论文之外，还完成了两件事：一是应王信之约，写了一篇论文《理想与现实在文学中的辩证结合》，刊发在《文学评论》1959年第1期上；二是为配合全民读书运动，应上海文艺出版社之约，写了一本文学评论《谈谈〈野火春风斗古城〉》。让胡经之没有想到的是，这后一本小书，一下子就印刷发行了10万册，给他带来了一笔不小的财富——1000元稿费。这相当于他当时一年半的收入，一下子就解决了他学习和生活中的窘迫。平时，他渴望买书，但是，囊中羞涩。突然收到了这么多稿费,高兴之余,胡经之跑到了王府井新华书店、东安市场,一下子就买了一板车书,让送书人送到燕园。

后来,胡经之还陆续写过一些文艺评论。他曾经对王愿坚的短篇小说进行过集中研究,撰写了《王愿坚的〈七根火柴〉》等欣赏文章,在中央人民广播电台的“阅读与欣赏”节目中播出,为普及与宣传革命文学也做出了一份贡献。

在这里,我们想谈一谈胡经之关于现实主义和浪漫主义的讨论。总体上说,1958 年初开始的“两结合”讨论是社会政治历史的产物。由于受极左思潮的影响,这次讨论基本不在学理的层面,有很多失误的地方。正是因为这个原因,我们没有对胡经之的观点进行学术评述。而对于这次带有运动性质的大规模的讨论,40 年后,学者们却从学术史的层面进行了认真的反思,给予了比较细致的检讨。围绕这场讨论,胡经之分别在《文艺报》和《文学评论》上发表两篇论文。连同他 1955 年提交的文艺理论研究班结业论文《论文学的人民性——兼论现实主义和浪漫主义》,构成了胡经之对这一问题的相对完整的思考。从时间段来看,胡经之对这一问题的思考跨度有三四年,这说明,虽然紧跟时代,但他的想法并不是急就的、草率的。我们上文简单评述了他的《论文学的人民性——兼论现实主义和浪漫主义》未刊稿。可能就是因为胡经之对现实主义和浪漫主义进行了长期认真的思考,引起了当下学者的注意,一些反思中国当代文艺历史的著述就对胡经之的论述有一定程度的肯定。例如,崔志远曾经这样评述道:“值得一提的是胡经之的两篇文章《关于革命现实主义和革命浪漫主义相结合》《理想与现实在文学中的辩证结合》。两篇文章内容相近,后者是对前者的丰富和深化。胡经之提出了一个很好的论述框架。他将创作方法分为思想方法(他也称为认识方法)、典型化方法和表现方法三个层次。认为:(1)就思想方法说,在浪漫主义方法中,‘最后统一于生活应该是怎样的和我所感觉到的是怎样的方面;而现实主义方法中,却是统一于生活实际是怎样的’。(2)在典型化方法上,‘积极浪漫主义写出的人物,已不是生活中原有的人物,而是作者所改造过的,强烈地赋予了作者理想、希望的人物。现实主义创造的人物,尽管也已经作者的思想过滤,但却是尽量按生活原样刻画,使人感到像在生活中出现的人物一样生动、亲切’。(3)在表现方法上,‘浪漫主义常用突出的夸张,现实主义当然也有夸张,但正如苏联《共产党人》专论指出的,除了讽刺作品,一般是不用特殊意义上的夸张手法的’。”“可见,他的分析已将现实主义和浪漫主义放到比较科学的框架中,这在当时的文章中是极为少见的。但是,在论证‘两结合’时,由于时风的影响,这比较科学的框架却未能得出正确的结论。”[①]依崔文之见,现实主义和浪漫主义是两种不同的方法,不可能结合。他的这种观点集中表现在《现实主义的当代中国命运》一书中。但文艺评论家张炯在为这本书写的序中却表达了另一看法,他指出,这两种方法能否结合,仍然可以进行学术的探讨[②]。

胡经之在文艺评论领域崭露头角并没有冲昏他的意志,在他的意识深处,留恋的仍是理论的思辨。他深知文艺评论的特点,文艺评论关注当下,紧跟时代的步伐,优秀的文艺评论对时代的文艺创作会有推动作用。然而,对他来说,文艺评论只是业余,他所喜好的还是深入细致的文艺理论与美学探究。在他看来,这才是他的主业。

二、古典缘何有魅力

胡经之不愿意失去书斋的宁静而完全走向文艺评论界的纷扰生活,他

①崔志远:《关于“两结合”创作方法的历史考察与反思》,《河北师范大学学报》2004 年第 1 期。
②崔志远:《现实主义的当代中国命运》,人民文学出版社 2005 年版。

喜欢的还是理论思辨，兴趣点一直是文艺学、美学。即使在他进入文艺评论界展示自己的才华并获得一定褒扬的时候，他也保持着十二分的清醒，常常利用闲暇时间阅读文艺学、美学著作，与朱光潜、宗白华两位先生探讨美学问题，钻研宗白华的关于欧洲文艺复兴时期的美学、英国经验主义美学、心理分析美学、德国理性主义美学的研究手稿。因此，他实际只向文坛迈出了半步。从 1960 年初开始，他又回到了书斋，开始寂寞清苦的生活，全身心投入副博士论文的写作。他原本想将自己的副博士研究生论文写成一本书，由于四年中间经历、参与了这么多事情，而有些事情又不能不参与，占去了他大量的时间，耽误了论文写作的进度。他只好将自己原本的计划稍作变通，将一本书的主要观点浓缩在一篇论文之中，最终完成了一篇将近 3 万字的长文《为何古典作品至今还有艺术魅力》。

1960 年的冬天，北京非常寒冷。未名湖的湖面上已被冰封，燕园的房檐上结起了长长的冰凌，光秃秃的树枝在寒风中瑟瑟发抖。在这个寒冷的冬天里，胡经之将要结束他四年的副博士研究生生活。由蔡仪、林庚、吴组缃、王瑶、钱学熙组成的答辩委员会为胡经之举行了一场简陋的答辩，考察了他这四年中的学习与所取得的研究成绩。没有学位服，也没有学位证书，一切都冷冷清清。造成这一结果的主要原因是，当时中苏关系破裂，苏联已经成为“修正主义”。副博士学位是苏联的学位制度，既然苏联已是“修正主义”，中国就要把它的所有东西都抛弃，包括它的学位制度。就是这样，在整个中国的天空到处回荡着慷慨激昂的“反帝反修”的声音时，胡经之曾经向往一时的副博士学位也烟消云散了。时有同情者为之惋惜，说他这四年的艰辛算白忙活了。然而，他却淡然一笑。他说，攻读副博士只是手段，目的是要深入学问的堂奥，从此能真正学会做学问，也就进入了人生的一种境界。后来的研究生涯证明，胡经之这四年的学习并不是白忙活，相反，这四年的知

>> 副博士毕业时留影（1960 年）

识积累和方法论的研习，正是他开启文艺美学之门的一把钥匙，为他后来的文艺学、美学研究打下了坚实的基础。

1961 年底，《北京大学学报》全文刊发了胡经之的副博士论文。

在这里，我们有必要对胡经之的这篇副博士论文作一检讨，以历史与当下的双重视角来看这篇文章的价值。为何古典作品至今还有艺术魅力？这是马克思早已思考并提出过的问题。这一问题,由于涉及文学艺术的价值判断标准,蕴含的美学意义极为重大。时至今天,我们感到,这仍然是一个有意义的学术话题,值得深入研究。

这篇副博士论文中表现了胡经之早年的文艺理论、美学思想。在这篇文章中,胡经之运用马克思主义的观点,试图从美学上揭示古典作品至今仍有艺术魅力的原因。在他看来,古典作品之所以至今仍有艺术魅力,一在于古典作品本身,二在于欣赏主体,这两个方面合力铸就了古典作品在当今的艺术魅力。古典作品表现真、善、美,也表现假、恶、丑,然而,优秀作品所展示出来的真、善、美,不仅在理智上能引发人们思考,而且,还在情感上打动人们,激起人们今天相应的、一致的情感态度。为什么会这样?胡经之从两个方面做了逻辑的、细致的分析。

首先,从古典作品本身来说。胡经之认为,古典作品创造出来的艺术形象凝结了古典作家对现实对象的审美认识和感受,这种认识和感受能打动人,使人们获得艺术享受。“当我们面对的艺术形象,假如是生活的审美反映,而我们从艺术形象得到的审美上的体验和感受,恰恰又是和古典作家的审美反映是相应的、一致的,那么,我们就得到了艺术享受。”[①]问题是,古典作家距离我们今天已很遥远,我们的审美体验和感受如何才能与古典作家相应、一致?胡经之经过深入思考,做出了富有说服力的解答。他说:

> 古典作家的思想情感也不会和我们相同,由于历史的局限和认识的局限,他们对现实的体验和感受,和我们比起来,当然会有很大的差别,从而,作为主、客观统一的古典作品也不可能与现代作品具有同一

①胡经之:《为何古典作品至今还有艺术魅力》,《北京大学学报》1961 年第 6 期。

的性质。但是,优秀的古典作品和我们之间,在矛盾中却也有着统一的、一致的方面。在优秀古典作品中所体现的古人对生活的体验和感受,不但不与我们今天对现实的反映相矛盾,而且还是一致的、统一的。正是这样,马克思才在《政治经济学批判导言》中说,希腊人的艺术在我们面前所显示的魅力,是与它所由产生的未发展的社会阶段不相矛盾的。深刻的矛盾、惊人的一致,这就是古典作品对我们的双重关系。而那些传之不朽、真正富有艺术生命力的古典作品,却总是在这两重化的矛盾中闪耀出它的艺术光辉。①

也就是说,古典作家的思想情感无法脱离他们所生活的那个时代,无法脱离他们所归属的社会阶层,他们身上的阶级性印记不可能清除。在胡经之看来,这种阶级性印记并不足以成为古典作品在今天仍然具有艺术魅力的天然阻隔。"文学艺术是现实生活的审美上的反映,它在反映现实时必定会有阶级的影响,但它的内容仍然是对生活的感受和体验,而不是阶级的思想体系。"②胡经之非常看重这生活的感受和体验,他强调,欣赏古典作家的作品,"我们大可不必去理会他们的政治观念,但他们对生活的真实体验,对人生的感悟,却对我们很有价值,能给我们美的享受"③。这就超越了当时评价古典作家把阶级性当作单一的评判标准的机械做法,把审美价值评判引入到对古典作品的评价之中。

其次,从欣赏主体来说。在胡经之看来,古典作品之所以至今仍有艺术魅力,还因为古典作品所表现出来的真、善、美,能够引起当今时代的共鸣,

---

①胡经之:《为何古典作品至今还有艺术魅力》,《北京大学学报》1961年第6期。
②胡经之:《为何古典作品至今还有艺术魅力》,《北京大学学报》1961年第6期。
③胡经之:《为何古典作品至今还有艺术魅力》,《北京大学学报》1961年第6期。

能够满足今人的精神需要。古典作品所表现出来的真、善、美虽然是旧的真、善、美,但在当今仍然具有价值,它是新的真、善、美进一步发展的起点。"当今人类需要'旧美'以及一切历史上有价值的东西,这不仅是因为当今人类不得不在前人遗产的基础上才能生存,而且,要发展新的东西,也必须吸收前人的经验、成就,作为'进一步发展的出发点'。"[①]我们在阅读古典作品的过程中之所以会被打动,是因为古典作品所表现的真、善、美能够引起我们的共鸣,对我们仍有道德教育的作用、认识生活的作用和审美享受的作用。胡经之认为,这些作用会随着新文化的建立,随着社会主义文学艺术的发展越来越明显。他强调:我们的审美水平是逐渐提高的,随着我们审美水平的提高,会对古典作品中所表现的真、善、美有更为深刻的感受和掌握,应该充分利用古典作品所表现的真、善、美来认识、发展并完善我们现代的真、善、美。很显然,这种价值评判和当时文艺批评中采用的阶级评判完全处于两个不同的层次。尽管胡经之处于那个阶级性至上的时代,他却保持一种清醒的头脑,文学艺术不完全是阶级思想的演绎,更主要的是审美的呈现。然而,胡经之并不把艺术只归结为美,其中也呈现真和善,大凡优秀的文学艺术,真和善是通过审美呈现出来的;唯其是审美的呈现,文学艺术才能保持恒久的艺术魅力。

从这里可以看出,胡经之对古典作品为何至今仍有艺术魅力的美学分析超越了他生活的那个时代,他已经自觉地将文学艺术引向审美评判的领域。今天看来,这篇文章在那个年代显得比较异端。由于当时人们思考的焦点是文艺的政治性、文艺的阶级性、现实主义与浪漫主义等问题,小视文艺的美学问题,没有对这篇文章所提出的理论观念投以足够的关注。然而,

---

①胡经之:《为何古典作品至今还有艺术魅力》,《北京大学学报》1961 年第 6 期。

我们今天却不能不正视它！这对理解中国当代文学理论、美学的发展会有一定的启发。如果我们忽略这一问题，必然难以理解胡经之文艺理论、美学思想发展的逻辑，同时，也妨碍我们准确认识他开拓文艺美学的良苦用心。

三、蔡仪门下编教材

1960 年底，胡经之研究生毕业留校，真正成为北京大学中文系的教师。而在研究生毕业时，他的去留曾经一度成为一个问题。这一问题的症结不在于胡经之本人，而来自于他的老师与亲人。胡经之最终能够留在北大，最重要的还是要归功于他对学术的坚守。

其实，毕业之后去与留的问题一直困扰着胡经之。在北京读书的八年间，每年暑假，胡经之都会回家探亲。先是回苏州，后来父亲调到南京电力专科学校任教，他就回南京。每次回去，父亲都会谈起他毕业的去向问题，希望他回江南工作，南京、苏州、杭州、上海都可以。胡经之确实也做好了去南京工作的思想准备。1960 年初，高教部征求他们这一届研究生的毕业去向，要求他们填写一份表格，胡经之就毫不犹豫地填上了南京大学。可是，临近毕业时，他却面临着困难选择。恩师杨晦诚恳地希望他留在北大。

师生相处了八年，杨先生了解胡经之。他语重心长地对胡经之说："好不容易培养了你们两个副博士研究生，王世德去了四川大学，北大自己总得留下一个，你一直在北大，熟悉北大，年纪又最小，就留下来做学问吧！做学问需要一个良好的环境，机缘可遇而不可求。你不是想研究文艺学、美学吗？朱光潜、宗白华都在北大，留在北大，可以经常向他们请教，对你的学问会有很大帮助。"老师的关心与爱护，胡经之心存感激。最终，他做出了自己的抉择：不回江南，就留在北大发展。

留下来之后，胡经之就开始准备为东语、西语、俄语等专业的学生讲授文学概论，为中文系学生准备文艺理论专题课程。可是，在新学期开学不久，杨晦把胡经之叫到他的家里。杨先生说："周扬已经委托蔡仪主编《文学概论》，作为全国高校统编教材。蔡仪要求我推荐人参加《文学概论》的编写，我已经把你和吕德申推荐给他。你不是喜欢研究吗？可以利用这个机会好好学习、研究。这一去可能要几年，你不能住在北大，编写组都要统一住在中央高级党校。在此期间，你不需承担教学任务，专心致志研究。你好好准备一下，去参加教材编写吧。"

刚过"五一"节，胡经之就来到了中央高级党校，向蔡仪报到。蔡先生非常高兴。早在读本科的时候，胡经之作为北京大学校刊的记者，就曾经采访过蔡先生，后来，蔡先生又参加了他的副博士论文答辩，对他的印象比较深刻。当时，来参加《文学概论》编写的共有 18 人，除了中国科学院文学研究所理论研究室的所有成员如王燎荧、柳鸣九、涂途、张炯、杨汉池、王善忠等外，还有中山大学的楼栖、山东大学的吕慧鹃、武汉大学的何国瑞、东北师范大学的李树谦等。其中，有些人如山东大学的吕慧鹃、东北师范大学的李树谦，在北大的文艺理论研究班胡经之就已经认识。后来胡经之才得知，能来这里编《文学概论》确属不易，因为这个任务是由邓小平拍板、周扬亲自主抓的，每个人都经过了政治和学术上的严格挑选。当时正值中国经济困难时期，邓小平说，要在这几年困难时期，保护好并培养出国内的知识精英。

在《文学概论》编写组中，胡经之与涂途、张炯、柳鸣九当时都是 20 多岁，是编写组中的小字辈。因为胡经之处理问题比较老到，且有自己的主见，大家对他的印象是少年老成。

那时，编写组成员都住在中央高级党校宿舍楼，每人一个小房间，非常安静。起初，编写组的集体活动比较频繁，因为大家要聚在一起讨论写作提纲，进行章节撰写分工。分工确定之后，就主要靠个人的钻研了。蔡先生安排胡经之撰写全书的第一章：文学是反映社会生活的特殊的意识形态。按照胡经之对撰稿原本的设想，此章开宗明义要阐述文学和生活的关系，要突出文学是对生活的特殊反映，即对生活的真、善、美的反映，其特殊就表现在真、善、美的结合上。但是，蔡仪要突出的是，从认识论出发谈文学对生活的形象认识。蔡仪对他说，《文学概论》不谈美学，让《美学概论》去谈。而到周扬那里，却要求在首章就突出文学的意识形态性质，文学要为政治服务。大家对首章的分歧意见很多，一时很难统一。胡经之利用这一时机，广收博取，深入研究，对艺术与生活的关系思考良多。

当时，聚集在中央高级党校的并不只有蔡仪带领的编写《文学概论》的一班人马，还有王朝闻带领的编写《美学概论》的另一班人马。与《文学概论》一样，《美学概论》也是周扬亲自主抓的全国高校教材。在这里，胡经之第一次见到王朝闻。因为一直钟情美学，思考美学问题，胡经之就经常跑到王朝闻那里，向他请教。有时晚饭之后，他陪王先生散步，两个人边走边谈，从高级党校一直走到颐和园。王先生不仅是一位美学家，也是一位雕塑家。他的知识非常渊博，说起话来幽默、风趣，妙语连珠。他对艺术的精深理解与分析常常令胡经之陶醉，胡经之从他身上学到了不少东西。因为两人谈话投缘，而胡经之又喜欢美学，且有自己的见解，王先生曾经一度想让胡经之到他的《美学概论》编写组。然而，由于胡经之已经参加了《文学概论》编写组，而且是自己导师杨晦推荐、蔡仪亲点的，不好随意退出，因此，难以应允王先生，但是，他还是答应会对《美学概论》的编写提出自己的一些看法。

在《文学概论》编写的过程中，周扬多次来到编写组，参加讨论会，发表讲话。起初，他特别关注在《文学概论》中如何贯彻毛泽东文艺思想的问题，而蔡仪则主张，应在《文学概论》之外另编一本《毛泽东文艺思想》，并请王燎荧、张炯起草了一个大纲，但周扬最终还是否定了这个方案，只编《文学概论》。对于《文学概论》的理论结构，周扬提出应由本质论、发展论、创作论、鉴赏论、社会主义文学前途五个部分组成。编写组基本上是按照他的意图实施的。只不过，在具体写作的过程中，将"社会主义文学前途"融合到各部分之中，没有单独成为一个部分。《文学概论》实行的是主编责任制，胡经之还是要按照主编的意图撰写第一章，既要突出文学对生活的认识，又要不忘文学的政治方向，把蔡仪和周扬的思想糅合起来。这是那个时代无法超越的主流意识形态。今天看来，这一本《文学概论》构思严谨，论说细密，语言质朴，一气呵成，在建设中国化的文学理论的道路上迈出了比较坚实的一步，赢得了人们的肯定。但是，胡经之自己对这本教材评价并不高，在他看来，《文学概论》的学术水平落后于时代的发展。苏联的马克思主义美学、文艺学在斯大林去世之后发展很快，出现了审美学派、文化学派等，学术水平都很高，而我们当时并没有汲取。因此，胡经之在完成编写任务后回北大讲授文学概论时，并不照此宣讲，而是不时在课堂上谈论苏联审美学派、文化学派的新见解。他一直非常赞赏斯托洛维奇的价值论美学。

后来，胡经之回忆自己这两年多的教材编写生活，他觉得最大的收获有三个方面：一是更加深入、清晰地了解了周扬和蔡仪的文艺思想及其理论分歧，二是广泛深入地清理了国内外文艺学、美学的前沿成果，三是结交了新文友。在编写教材的过程中，除了早已认识的李泽厚、张炯等外，胡经之结识了王朝闻、刘宁、涂途、柳鸣九等新的文友。

四、乱世研读《红楼梦》

1963 年秋季开学，胡经之从中央高级党校回到北大，全心全意地投入到教学之中。这一学期，他为俄语、西语、东语等系开设了文学概论，为中文系开设了文艺理论专题。由于讲述生动、富有激情，他的课吸引了众多的学生来听，同学们善意地称他为“英沙罗夫”①。北大把文学概论课列为重点课程，主管人文学科的副校长魏建功和教务处处长王学珍曾去听课。但是，这种舒心的教学与研究生活并没有持续多久。1964 年，他被北京市政府借调去参加“四史”丛书的编写②，经常到北京郊区调研。在调研的间隙，写一点文学评论。1965 年秋，他的父亲胡定一被诊断为癌症。他把父亲接到了北京，四处求医，到处碰壁，备尝艰辛。半年之后，父亲去世，胡经之陷入巨大的悲痛之中。他一直懊恼、自责，没有早些回家，没有尽到一个做儿子的责任。

1966 年，“文革”爆发，全国陷入一片混乱之中。在这次运动中，北京大学首当其冲，走在运动的前面，最早引发混乱。校长陆平被打倒。当时，刘少奇、邓小平派出工作组进驻北大，调河北省委书记张承先任组长。胡经之被工作组从中文系借调出来，进驻“灰楼”，专门负责写简报，向中央和北京市委报送。那时，北大已经停课，胡经之的课也不能再上了，就这样，他被迫卷入了这场浩劫。中央工作组进北大不到两个月，就被聂元梓的“文化革命委员会”夺权。毛泽东下令工作组退出校园。胡经之又回到中文系。北大的局面更加混乱。

那时，当了十多年系主任的杨晦已经靠边，在家无事可做。他对这场浩劫无法理解，困惑万分，却又无可奈何。由于担心杨先生会受到更大的冲

①凌继尧：《艺术审美特性的探求》，深圳大学文学院编：《美的追寻——胡经之学术生涯》，北京大学出版社 2002 年版，第 136 页。

②所谓“四史”丛书，是指四本讲述北京现代革命史的书，即《红旗漫卷鱼子山》《紧握长缨卫山河》《前赴后继创江山》《披荆斩棘造新天》，均由北京出版社 1964 年出版。

击,负责中文系日常工作的邵岳和华秀珠就找到胡经之,商量采取一些稳妥的办法保护杨先生。他们决定让胡经之搬到杨先生居住的燕东园37号楼下的小客厅居住,对先生也好有个照应。就这样,胡经之一家三口,和杨晦一家住在了一起。

陆平被打倒之后,日常行政由副校长周培源负责,外事活动仍要进行。那时,胡经之的无锡同学郭罗基是周培源的助手,他就拉上胡经之和留学生办公室主任麻子英一起,去接待来访的外宾。期间,胡经之曾经接待过费彝民、夏梦带领的香港文化考察团,代表北京大学参加过东德、法国、朝鲜等国使馆举行的招待会,并且受命担任柬埔寨国王西哈努克亲王的儿子那拉·迪波的文学和艺术老师。这使他在混乱中找到些许安慰。

那拉·迪波与西哈努克亲王长期住在中国。"文革"开始时,他刚从北大附中毕业。由于喜爱文学艺术,他希望能够进入北大学习。可是,北大已经停课。为此,周恩来总理做了批示,要求北大专门成立一个教学小组,为那拉·迪波王子开课。为给王子授课,胡经之每周两三次往返于北大和友谊宾馆。在那个混乱的年代,这件事倒使胡经之得到了不少清闲。他陪同王子去拜访许广平、周海婴、浩然,去剧院欣赏京剧、芭蕾舞、民族音乐会,考察故宫、中国美术馆、革命博物馆、北京图书馆等。但好景不长,一年多之后,因为武斗升级,西哈努克亲王带着儿子回国,从此之后,胡经之就没有与他的这位王子学生会过面。

在燕东园,胡经之的家庭生活充满温馨。那时,他的大女儿苏薇已经5岁,师母姚冬又非常喜欢孩子,经常帮助他们照顾苏薇。房间里,常常能够听到这一老一少的欢声笑语。而此时的杨晦则埋头于《马克思恩格斯全集》,并自学德文,研读原著。闲暇时,胡经之经常与他促膝谈心,有时谈到很晚。胡经之把外面发生的事一五一十地说给先生听,先生也给胡经之讲了许多自己过去所经历的事情。1967 年五四期间，北大校庆，许多媒体如中央人民广播电台、《人民日报》《光明日报》纷纷前来采访杨先生，让他回忆他参加五四运动的情形。先生患有白内障，视力不好，不能写字，就由他口述，胡经之整理，再交给媒体。那一年多的时间，校园虽然处于动荡之中，但是，胡经之的生活总体还是比较安定的。

然而，在这个乱世，已经找不到一处真正安宁的地方。1968 年，北京大学的“红卫兵”派系斗争升级，胡经之的家被抄，杨晦的家也未能幸免。这时，胡经之的第二个孩子燕菘即将出生。杨先生的那间小客厅已经住不下了，胡经之一家只好搬到燕东园 27 号朱光潜的楼下，与历史学家杨人楩住在一层。这样，胡经之就能经常见到朱光潜，陪他散步、打拳，谈论美学问题。在这期间，胡经之受杨晦的启发，也开始潜心阅读马克思、恩格斯的著作，特别关注马、恩后期的哲学、人类学和剩余价值学说。

1970 年，北大教师被遣送到江西鄱阳湖畔的鲤鱼洲劳改农场开荒造地，种稻种菜。胡经之也来到这里，白天劳动，晚上和大家一起“斗私批修”。“双抢”时节，劳动最为繁重，人人都要起早贪黑。胡经之从来没有参加过强度这么大的劳动，有一天，他半夜起床，突然一阵眩晕，重重摔倒在地上，不省人事。那时，近百个人居住在一个大草棚里，邻床的同事符准青发现胡经之晕倒，急忙呼叫孙宗鲁医生抢救。当晚，胡经之就被送到南昌的医院。经医生诊断，他因劳累过度眩晕，倒地后摔成脑震荡，差点没命。

然而，灾难并没有结束。胡经之的脑震荡还没有痊愈，北京就来人向他调查陆定一、严慰冰夫妇攻击“林副主席”的问题。那时，陆定一、严慰冰夫妇已经被关进了秦城监狱。20 世纪五六十年代，胡经之在读书期间，因与严慰冰同乡，且出自同一师门，出入过中南海，与他们有过交往，如今都成了罪状。接着，又有人诬告他是“五・一六反革命集团”成员，对他进行轮番批斗。胡经之经受着空前的政治压力,他的精神面临崩溃,年纪还不到四十,牙齿就开始脱落。当时,他最不能理解的是,知识分子在许多国家是宝贵财富,怎么在中国就成了渣滓、垃圾?即使是新中国自己培养的知识分子也是如此。这个社会到底怎么了?幸而,1971 年 9 月 13 日林彪篡党夺权的阴谋败露,驾机外逃,摔死在蒙古的温都尔汗。消息传来,胡经之长长舒了一口气,他在鬼门关上走了一遭。也就在这一年的冬天,胡经之与北大的老师们结束了一年多的劳动改造,回到了北京。

在北大,胡经之不仅重新走上了讲堂,在 1972 年还去哈尔滨参加了一次马克思主义文艺理论研讨会。他的面前仿佛出现了一线希望。为了探索教学改革,提高教学质量,胡经之还通过学校从中央戏剧学院、中央音乐学院、中央美术学院、北京电影学院等高校请来不同艺术门类的老师来北大开讲座,以扩大学生的知识视野。

在那个灾难深重的年代,大学能恢复教学已属意料之外。因为又回到学校,重新站在讲台,胡经之的心里不时会产生研究点学术的欲望。那时,能研究些什么呢?经历这么多事情,有多少人因文学而遭难!文艺学的很多问题已成为禁区,不可能也不敢再写文章讨论,只能私下里与非常亲密的师友谈论。七十年代后期,有一阵子,胡经之和林庚、魏建功两位先生共处一室,林庚研究诗歌,同时也是诗人,对音乐也有特殊兴趣,他侃侃而谈,和胡经之聊起音乐美学问题。胡经之惊奇地发现,林先生的艺术创新思维非常旺盛,有不少发人深省的想法。“文革”期间,胡经之虽然不再写文艺学、美学的研究文章,但是,《红楼梦》的研究文章还是可以写的,因为那时毛泽东提倡阅读《红楼梦》,研究《红楼梦》。胡经之也开始尝试作起《红楼梦》的研究文章。毛泽东说,《红楼梦》是一部家族兴衰史。而在此之前,《红楼梦》研究盛行的是自传说、爱情说、梦幻说。胡经之觉得毛泽东的家族兴衰说较为符合实际。他沿着这条思路，进行了好几年的探索。1973 年，他和陈熙中、侯忠义合作了一篇长文《〈红楼梦〉——形象的封建社会没落史》，先是发表在《北京日报》（1973 年 9 月 22 日）上，后来全国各大报刊纷纷转载，并印成了单行本，在社会上广为流传，产生了较大的影响。后来，为了想要弄清楚《红楼梦》为什么是中国最好的一部古典小说，胡经之把北京大学图书馆馆藏的清代线装小说浏览了一遍，以便比较优劣。不仅如此，他还要听听专家们的真实看法，为此，专门跑到著名红学家周汝昌、吴世昌、吴恩裕的家中请教。胡经之的《红楼梦》研究一直延续到改革开放之初，实际上成为他开拓文艺美学的另一个契机。“文革”结束后，他就和王朝闻一起鲜明提出，不仅要从历史的观点出发，还应以美学的观点来解读《红楼梦》。1981 年，他先后发表了《“红学”与美学》（《光明日报》1981 年 11 月 30 日）、《枉入红尘若许年——谈〈红楼梦〉里的顽石故事》（《红楼梦研究集刊》1981 年第 6 辑）等论文，以美学的观点来研究《红楼梦》，受到学术界的关注。

林彪垮台，胡经之着实高兴了一阵子。他对中国的未来有了一定的信心。从这件事，他还是相信中国共产党是伟大英明的，能够不断地纠正错误，自我改进。不久，全国掀起了“批林批孔”的热潮。初起时，胡经之曾对批判林彪寄予希望，在他看来，若能通过“批林”，深入挖掘病根，借此清除军国主义流毒，中国还能继续大踏步前进。想不到国家多难，又等了好几年，直到 1975 年，邓小平主持中央日常工作，全面整顿，强调发展国民经济，中国才发生了真正的转变。

1976 年 10 月，“四人帮”被揪出，祸国十年的“文革”宣告结束。消除了阶级斗争的思想禁锢，人们的精神获得了解放。各行各业都进入了蓬勃发展的春天。胡经之的学术研究热情开始迸发，不久，他便找回先前的学术思路，开始着手进行文艺美学的学科构建。

第四章　开拓文艺美学

“文革”结束，中国迎来改革开放的新时代，中国人的精神获得了解放。精神的解放激发了胡经之的学术生产力，他积极投入到学术研究之中，寻求学术发展的新路径。20世纪70年代末，林庚曾鼓励胡经之说：“50年代是他们那一辈学者的黄金时代，如今是你们这一辈学者发挥才华的最好时期。”那时的北大也像50年代一样，鼓励教师创学术名牌，很多老师都拿出了自己的学术品牌。受这种学术氛围的感染，胡经之的学术热情和学术创造力也极大地喷发出来。他积极参加学术研究活动，多方面吸收古今中外的文艺学研究成果，开始了新的学术探求。他先是试图推进《红楼梦》的研究向美学方向发展，倡导以美学的观点来研究《红楼梦》。1979年，中国社会科学院文学研究所创办了《红楼梦研究集刊》，胡经之是编委之一。每出一集，胡经之都要去文学所参加编委会，讨论审定文稿。而他自己也连续写了三篇从美学上研究《红楼梦》的文章。此后，胡经之又开始从美学上来评说中国古典诗论，发表了一些文章。为推动国际文化交流，

>> 深大三老喜相逢(2003 年),左为倪嘉院士,中为牛憨笨院士

1981年1月,北京大学成立了比较文学研究会,由主管文科的副校长季羡林任会长,胡经之与李赋宁、乐黛云、杨周翰、张隆溪、孙凤城等人都参与其中。他与季羡林、杨周翰、张隆溪等曾在北大接待过叶维廉、刘若愚、叶嘉莹等海外著名华裔学者,与刘若愚在未名湖畔的临湖轩进行过比较深入的学术交谈。稍后,他发表了《比较文艺学漫说》,对国内的比较文学研究起到推动作用。后来,国家教委委托他编写西方文艺理论教材,经过几年的努力,胡经之主持编撰出《西方文艺理论名著教程》《西方二十世纪文论史》等。然而,对胡经之来说,他兴趣最为浓烈的还是开拓文艺美学。评说中国古典文学作品,研究中国古典文论,编写西方文艺理论教材,都不是胡经之的目的。他的真正目的是积累古今中外的理论资料,作为构建文艺美学的思想资源。

一、为何倡导新学科

20世纪80年代初,胡经之竭力倡导文艺美学。这不是他心血来潮,而是长期思考的结果。

在还不知道美学究竟为何物的懵懂的少年时代,胡经之就从自己的切身体验出发,产生了这样的认识:自然风景都存在着美,而文学艺术是人类的创造,当然要更美,只有美,才能吸引人。他在读朱光潜《诗论》的时候,已经到了能理解美的年龄,随即对美学产生了浓厚的兴趣。古典诗词的美在朱光潜的笔下得到了生动而富有哲理的揭示。然而,当他考入北京大学之后,发现了一个令他惊奇的现象:朱光潜、宗白华等一些擅长分析艺术美的学者毫无用武之地,都被冷落在一边。主要因为当时的学术研究要服从政治,应受意识形态的左右,而朱光潜、宗白华的美学思想显然不合时宜。胡经之在读本科时,北大没有开设过美学课程,直到他攻读副博士研究生时,北大才开设美学课程，他才有机会听到朱光潜、宗白华的美学课。周扬在1958年曾经提出，应建立中国的马克思主义文艺学、美学，但在当时的文艺评论中，只能见到政治批判，却见不到美学分析。胡经之的副博士论文《为何古典作品至今还有艺术魅力》受朱光潜、宗白华的影响，试图从美学上分析文学艺术，显然也是不合时宜的，但这却表现了他当时的思想轨迹，代表了他学术思想发展的基本走向。这充分说明，胡经之没有完全学会跟风的本领，他坚守的仍然是文学艺术的美的特性。

中国当代所谓的马克思主义的文艺批评使胡经之感到困惑，他总觉得时光好像倒退了，现代的文艺批评反而不如新中国成立前，甚至不如古代。按说，马克思主义的世界观是人类最先进的世界观，而马克思主义的文艺批评怎么反而不如古代更令人信服呢？是不是马克思主义原本就只讲政治学而不讲美学？在认真阅读过马克思主义经典著作之后，胡经之进行了反思，他发现，马克思主义经典并不像当下的文艺批评所运用的那样。马克思主义经典曾经说过，衡量文学艺术，既要用历史观点，又要用美学观点。这其实是两条标准，而且，美学标准是很高的标准。为什么到了我们当下的文艺批评就去掉了美学标准呢？为弄清根源，胡经之首先研究了斯大林去世之后苏联文艺学、美学的变化。他很快发现，20世纪50年代后期，苏联的文艺学迅速发展，其中就有倡导审美的审美派。尽管苏联文艺学中的审美学派本身尚有分歧，有的认为审美本身只是文艺特性之一（如卡冈），有的认为在文艺的多方面特性中，审美是中心，其他特性必须以审美为中介表现出来（如斯托洛维奇），但苏联的文艺学家们还是承认审美是文艺的特性的。可见，中国在接受苏联的文艺学的观念时出现了偏差。他深知，造成这一局面有苏联专家毕达可夫的原因，同时，更是当时极左思潮文化霸权的结果。

胡经之在50年代后期就坚信，研究文学艺术必须把美学观点和历史观点结合起来,没有美学的观点是不行的。在参加编写高校教材《文学概论》时,他就曾想把真、善、美的范畴引入,阐述真、善、美是如何在文学中结合的。在他看来,周扬虽然提倡美学,但在谈论文学时,仍然看重的是政治倾向性;蔡仪则竭力突出文学的真实性,他所说的真实性,其实只是生活的典型,并非审美的真实性。胡经之很奇怪,这两位著名学者都很推崇美学,却又不以美学的观点去解说文学。在编写《文学概论》、住在中央高级党校的那一段时间,由于经常与王朝闻接触,胡经之也非常熟悉王朝闻主编的高校教材《美学概论》的编写过程。李泽厚等人将苏联审美社会学的成果吸纳到教材的编写中,突出艺术的审美特性,但令人感到不足的是,《美学概论》在谈论文学艺术时仍然给人以抽象、肤浅的印象,未能解决文学艺术中深层而复杂的美学问题。于是,胡经之就开始考虑,能不能将美学和文艺学结合起来,对文学艺术本身深层而复杂的美学问题展开进一步的研究?这就是胡经之倡导文艺美学的根本动因。

1978 年,胡经之读到台湾学者王梦鸥的一本小书《文艺美学》,受到启发。这本书讨论文学、美学和文学批评等问题,论述虽然简略,但是,“文艺美学”这个名称却起得好,既符合实际,又有中国特色,可以区别于哲学美学或其他美学。胡经之在开拓文艺美学这一学科时,并没有想到要以文艺美学取代其他美学。他深知,美学研究的是一个更为广阔的领域,是文艺美学无法涵盖的。

1980 年 6 月,中华全国美学学会成立大会在昆明召开,这是新中国建立以来的第一次美学盛会。84 岁高龄的朱光潜参加了大会并当选为会长。这是他离开西南以后第一次也是最后一次回到昆明,心情特别高兴。胡经之陪他去看了西山、滇池、龙门等风景名胜。在这次会上,胡经之见到了很多老朋友,也结识了很多新朋友。由于是新中国成立以来的第一次美学会议,

>> 与李泽厚（中）、杨辛登峨眉山（1980 年）

议题自然就围绕在中国应该如何发展美学的问题展开。李泽厚、刘纲纪等都发表了各自的意见。胡经之也被安排大会发言。李泽厚已先和他打了招呼，因此，他提交大会的论文是《中国美学史的方法论问题》。由于高等学校的老师是美学研究队伍中的庞大一支，这次大会特地成立了全国高校美学分会。在全国高校美学分会成立的会议上，胡经之却提出了另一个话题，引起与会者的高度关注。他提出，高校应改进美学教学，高等学校文学、艺术系科的美学教学,不应该停留在讲授哲学美学原理上,而应开拓和发展文艺美学。接着,他就文艺美学的学科构想简单地陈述了自己的想法。这一建议引发了与会代表的热烈讨论,得到了朱光潜、伍蠡甫、蒋孔阳等美学家的热忱鼓励。这更加坚定了胡经之的信念:文艺美学大有可为。

回到北京大学之后,胡经之在讲授文学概论之外,积极准备文艺美学讲稿,开设文艺美学课程。

1980 年秋季,新学期开始,在北京大学的课程表上,增加了一门新的课程——文艺美学。这是新中国的大学第一次开设这门课程。胡经之成为主讲文艺美学的第一人。当时,同学们都不知道文艺美学是一门怎样的课,可能是出于好奇,很多人都想了解一下,纷纷跑来听课。谁知,几节课下来,同学们再也不愿意离开课堂。他们发现,这门课确实很特别,不仅内容新鲜,而且,老师的讲课风度也颇令同学们欣赏。那富有激情的讲述,那带有苏州味的普通话,那思辨却不艰涩的理论阐释,无不吸引学生。很快,文艺美学成为最受全校学生欢迎的课程之一。后来,每当胡经之开设此课,学校都会选择最大的教室;即便这样,学生依然爆满。不仅中文系的学生来听,哲学、俄语、西语、东语等系的学生也来听,同时,还有北京师范大学、中国人民大学、中央美术学院的研究生和老师前来听课,童庆炳也曾来听过,还选派了齐大卫来进修。

早在高校恢复招生后不久的 20 世纪 70 年代末,北大就开始实行学位制,招收硕士研究生。首届文艺理论硕士研究生由杨晦领衔培养。曾镇南、董学文、杨星映、郭建模等入学时,杨晦已过 80 岁高龄,精力不济,他要求胡经之协助他安排硕士学位课程。同时,还告诉胡经之,他自己就不再招第二届了,下面就由他接着招。当时,胡经之已经晋升为副教授,具备了培养研究生的资格。后来,胡经之专门给北大研究生招生部门打了一个报告,要求在文艺理论专业下面开辟一个新的专业方向,就叫“文艺美学”。那时,北大正鼓励学科创新,当即同意,上报给国务院学位委员会,并得到批准。于是,在北大的硕士研究生招生目录中,第一次出现了文艺美学。

1981 年,新一届硕士研究生开始招生,从研究生部反馈过来的消息是,文艺美学方向报名人数极多,竟有 98 人,而该方向只有 2 个名额。考试结果出来之后,胡经之发现,报考文艺美学方向的优秀考生很多。可是,名额只有 2 个,怎么办? 这让他非常为难。特别优秀的学生他不愿意舍弃。于是,他一方面给研究生院写报告,要求增加名额,另一方面,亲自联系考生,要求他们明年再考或者转考其他专业方向。经过再三斟酌,最终,文艺美学方向录取了 3 人,他们是:王一川、陈伟、丁涛。他们有幸成为文艺美学方向的第一届硕士研究生。如今,王一川(曾长期任教于北京师范大学)是北京大学教授、博士生导师、教育部“长江学者”,陈伟是上海师范大学教授、博士生导师,丁涛是中央戏剧学院教授、博士生导师,他们都成为文艺美学研究的中坚力量。

也就在这一年,胡经之的文艺美学研究开始飞跃,先后发表了《论艺术形象——兼论艺术的审美本质》《艺术的意境》等长篇论文,在学术界产生了影响。中国社会科学院文学所研究员汤学智后来撰文称《论艺术形象——兼论艺术的审美本质》是一篇“雄文”:“这篇 35000 字的长文,我是一口气读完的,不仅没有厌倦之感,反而越读越兴奋。由于广博的知识学养和深入精细的研究,经之师很善于抓取富有典型意义的原生话题,首先阐明其自身的价值,然后由此及彼,层层深入,步步推进,揭示一连串相关的理论命题,建构起自成一体、富有内在生命的理论环链,让你不能不信服。"[1]这篇文章,后来被收入中国社会科学院文学研究所编的《中国新文艺大系·理论卷》(1976—1982),以及美国著名美学家布洛克与朱立元共同编选的《中国当代美学》一书,译介到西方。

胡经之开拓文艺美学学科的另一个重要举措是编辑文艺美学丛书。他深知,单单凭借他自己的力量不可能建成一个完整的学科,必须有一群志同道合的人共同研究、推动,集中产生一批研究成果,学科的建立才有可能。就在胡经之刚晋升副教授不久,正受命筹建北京大学出版社的麻子英社长就找到他,再三动员他担任出版社的总编辑。而胡经之则一心一意想做学问,倘若担任出版社的工作会耗费许多精力。因此,他坦率地告诉麻子英,自己不能去出版社,还是留在中文系教教书做点研究,但是,他可以为出版社的发展出一点力。他将自己的想法告诉麻子英,他愿帮助出版社策划编辑一套文艺美学丛书。他相信,如果成功,将会提高北京大学出版社的声誉。于是,1982 年,由胡经之与江溶、叶朗等人发起成立了"文艺美学丛书编辑委员会",聘请朱光潜、宗白华、杨晦为顾问,负责编辑文艺美学方面的学术著作,由刚成立不久的北京大学出版社出版。编委会很快进入工作,物色作者,组织稿源。每发现一本较好的著述,立即出书。该丛书从 1982 年底开始出版,到了 90 年代中期,共出版了专著、译著三十多种,在学术界产生了深远的影响。"文艺美学丛书"果然成为北京大学出版社的一个品牌,其中不少著作已经成为学术精品。

昆明会议之后,胡经之就已经开始撰写《文艺美学》,力图把它写成一部

---

①汤学智:《醉心艺术探秘》,深圳大学文学院编:《美的追寻——胡经之学术生涯》,北京大学出版社 2002 年版,第 130 页。

扎实的、具有体系性和开拓性的理论著作。1984 年,《文艺美学》第二稿完成,北京大学出版社多次催促定稿,可是胡经之当时并不满意,不想就这样拿出来,以免留下遗憾。最终,他还是决定慢慢修订、打磨。而从 1984 年开始,胡经之应张维校长邀请,帮助刚刚成立的深圳大学建立中文系,常常往来于深圳和北京之间,每年有一半的时间待在深圳。繁琐的事务使得他也没有集中的时间修订此书,这反倒给这部著作提供了一个沉淀的机会。经过反复打磨,一直到 1989 年,《文艺美学》才由北京大学出版社正式出版。

除了参与编辑文艺美学丛书之外,胡经之还主编一个不定期丛刊《文艺美学论丛》,邀请王朝闻、宗白华任顾问,专门发表研究文艺美学的论文。1985 年,《文艺美学论丛》第一辑由内蒙古人民出版社出版,其中刊发了胡经之的《文艺美学——文学艺术的系统研究》一文。这一年,胡经之在北京大学继续招收文艺美学方向的研究生,秋天入学的研究生有王岳川、张首映、王坤、荣伟、谢欣、柳杰等人。如今,王岳川是北京大学教授、博士生导师,张首映是人民日报社新闻研究中心主任,王坤是中山大学教授、博士生导师。他们都活跃在文艺美学研究领域,成为该领域的知名学者。

胡经之和王朝闻自中央高级党校相识以来,成了无所不谈的忘年交。王朝闻向来支持胡经之倡导文艺美学。胡经之主编《文艺美学论丛》,聘请王朝闻任顾问,而王朝闻主编《艺术美学》丛书,特请胡经之任编委。他们相互支持,相互呼应,共同推进文学艺术的美学研究。胡经之到深圳大学之后,请到深圳大学进行学术访问的第一位学者就是王朝闻。深圳市美学学会成立,胡经之任会长,特聘王朝闻任名誉会长。

自开辟文艺美学方向以来,胡经之在北大共招收了两届硕士研究生,培养出王一川、王岳川、陈伟、丁涛、张首映、王坤等知名学者。当时,北京大学尚没有设立文艺学博士点,只能培养硕士,即便这样,胡经之的硕士生大都能独当一面，为文艺美学研究做出了杰出的贡献。在培养硕士生的过程中，胡经之总是想方设法，尽可能多招一些具有学术潜质的优秀学生。有些时候，因文艺美学方向没有名额，他就把一些特别优秀的考生推荐给哲学系，说服宗白华、杨辛等先生，将他们招进美学专业，如知名学者刘小枫、文化学者兼主持人王鲁湘，就是胡经之推荐给美学专业的学生。胡经之虽致力于文艺美学，但却将自己的学术触角扩展到整个美学领域，绝不闭门造车，故步自封。因而，他的学术研究为文艺学、美学界的许多学者所称颂。

二、文艺美学是什么

文艺美学这个名称并不是胡经之的发明，台湾学者王梦鸥 1976 年出版《文艺美学》一书，就使用了这一名称。但在王梦鸥的书中，这也仅仅是一个书名，没有太多的含义。直到 2004 年，胡经之才惊奇地发现，我国老一辈学者李长之早在 20 世纪三四十年代就曾经多次提出并使用了这一概念。在《苦雾集》中的一篇对话体文章《文艺史学与文艺科学》中，李长之曾经这样说过："但是文艺教育须以文艺批评为基础，而文艺批评却根于'文艺美学'。文艺美学的应用是文艺批评，文艺批评的应用才是文艺教育。"①这篇文章原本是李长之为他自己翻译的德国美学家和文艺理论家玛尔霍兹（Werner Mahrholz）的《文艺史学与文艺科学》所写的序言。在李长之看来，文艺美学就是德国人所说的诗学②。李长之的"文艺美学"是试图用中国话语言说西

①李长之：《李长之文集》第三卷，河北教育出版社 2006 年版，第 140 页。

②李长之在《我对于"美学和文艺批评的关系"的看法》一文中说："……但是，到了创作的时候，态度却只有一个，就是'为艺术而艺术'。这种态度，不止是文艺创作，所有一切艺术创作，都不可缺，不能缺。何以这种态度关系作品非常之大，道理在什么地方？这是美学所要解答的。特别是文艺美学，也就是德人所谓'诗学'里所要解答的。"《李长之文集》第三卷，河北教育出版社 2006 年版，第 6 页。

方的诗学，其实质还是诗学，或者说是诗学的一个组成部分；而王梦鸥的“文艺美学”只是一本书的名字、一个代号，和学科没有多少关联。胡经之提出的“文艺美学”虽受王梦鸥的启发，却比王梦鸥想得更多、更深入，其意义在于，他认定文艺美学可以成为一个学科。而他对“文艺美学”的理解也与李长之并不相同，他将文学和其他艺术都纳入其中，将所有文学艺术作为一个整体放在一个学科中来开拓。胡经之将文艺美学从一个新鲜的名词提升到学科的高度，这就意味着文艺美学的背后存在着一个完整的理论系统。这是一个等待人们去开拓的新的学术领域，其研究前景是十分广阔的。

文艺美学是什么？这是这一学科刚刚提出时人们纷纷质疑的问题，也是胡经之在开拓这一学科之初一直在思考的问题。在中西方规范的学科中，有文艺学、诗学、美学，这些学科虽然互有交叉，但基本独立。那么，文艺美学又是一个什么学科？胡经之有他自己的解释。

1982年初，胡经之发表了《文艺美学及其他》《“文艺美学”是什么》等论文，对这一问题进行了解答。

胡经之说：“文艺美学，顾名思义，当是关于文学艺术的美学。它的研究对象，自然是文学艺术。”[①]既然文艺美学研究的是文学艺术的美学问题，那么，它与文艺学、美学之间到底有怎样的联系与区别呢？对于这个问题，胡经之有比较系统的思索。他首先探讨了文艺美学和文艺学的联系与区别。他特别强调，他所说的文艺学，不是西方所谓狭义的文学学，而是包括文学学和艺术学在内的广义的文艺学。中国古代历史中有艺文志，记载了不少有关文学艺术的资料，向来就有把文学和艺术放在一起考察的传统。胡经之很看重这种传统。文艺学以文学艺术为研究对象，文艺美学也以文学艺

①胡经之：《文艺美学及其他》，《美学向导》，北京大学出版社1982年版，第26页。

术为研究对象,那么,它们的区别又在什么地方呢?

在胡经之看来,文艺学是对文学艺术做全面、综合、系统的研究,它主要由三个部门组成:文艺理论、文艺历史、文艺批评。文艺批评不是一般意义上的认识活动,而是一种评价活动,它是作者和读者之间的桥梁,是创作者和欣赏者反馈关系的中介。文艺历史属于历史学科,研究的是文学艺术的历史发展过程,探讨文学艺术的发展规律。文艺理论是运用逻辑的方法研究文学艺术,把所有的文学艺术门类作为一个整体来对待,探索文学艺术共有的性质、功能、规律。这三个部门实际形成了三个学科,它们之间相互联系且相互影响。文艺理论与哲学、社会学、心理学、美学等学科的关系非常密切。文艺理论的研究侧重于不同的学科联系,便形成了文艺理论的不同学科,于是,便产生了文艺哲学、文艺社会学、文艺心理学、文艺美学等。因此,胡经之认为,文艺美学属于文艺学,是文艺学的一个组成部分。"文艺美学从美学上来研究文学艺术,深入到文学艺术的审美方面,揭示文学艺术的特殊审美性质和特殊的审美规律。"①

然而,胡经之又说,文艺美学又可归入美学。既然这样,那么,文艺美学和美学的联系与区别又在什么地方呢?为了解答这一问题,胡经之考察了中西方美学思想的发展历史。他发现,在中西方美学思想的发展历程中,美学虽然是属于哲学的一个部门,但却始终与文艺理论纠缠在一起,这是因为,美学的研究对象包括文学艺术。直到18世纪,美学才成为哲学中的一个独立的部门,一个独立的学科。在胡经之看来,西方的所谓美学,其实又是审美学,"它不只研究美,而是研究整个审美"②。西方美学尤其是德国古典

①胡经之:《文艺美学及其他》,《美学向导》,北京大学出版社1982年版,第32页。
②胡经之:《文艺美学及其他》,《美学向导》,北京大学出版社1982年版,第34页。

美学是从哲学上来研究审美的,这种研究,可以称之为哲学美学。当然,哲学美学也关注文学艺术,有的甚至把美学归结为艺术哲学。黑格尔就把自己的美学称为“美的艺术之哲学”,这就把美学狭隘化了。胡经之认为,美学应研究的,不只是艺术审美,还应广及人文审美(包括生活审美)和自然审美等人类全部的审美活动。文艺美学则集中研究文学艺术的创造及审美,它要揭示的是文学艺术自身与其他审美活动相区别的特殊规律①。这就基本上把文艺美学的独特性发掘出来了,给它确定了一个比较明确的研究对象,那就是:文学艺术特殊的审美性质和审美规律。

把文艺美学视为一个学科,并不是胡经之偶发奇想。多年来,他一直在思索,作为社会现象之一,文学艺术和其他社会现象相比究竟有什么独特性?它究竟有什么特点?有什么规律?又有什么他律?

文艺美学研究的是文学艺术特殊的审美性质和审美规律,并不意味着它要分解文学艺术的各个门类,而是把文学艺术作为一个整体来对待,对之进行系统研究。文学艺术本身就是一个系统,这个系统由三方面构成,即文学艺术创造、文学艺术作品、文学艺术享受(消费)。这三个方面都有自己的审美规律。文艺美学就是要系统地研究文学艺术的作品、创造和享受这三方面的审美规律。这就是文艺美学的研究对象和内容。

胡经之关于文艺美学是对文学艺术的系统研究的认识,在一定程度上回应了德国美学家和文艺理论家玛尔霍兹(Werner Mahrholz)“文艺体系学”之说。玛尔霍兹将文艺科学分为两大支,一是文艺体系学(Literarsgstematik),一是文艺史学。他说:“文艺体系学的任务,是创造一种文学之美学(Aesthetikder Literatur),也就是诗学与诗的成分论……再把这种知识普遍化

①胡经之:《文艺美学及其他》,《美学向导》,北京大学出版社1982年版,第37页。

了，便是文艺教育(Literarpadagogik)。”[①]胡经之对这一问题的考虑虽然处于初期，但是，文艺美学是什么的问题基本明朗，文艺美学的研究对象也大致清晰。文艺美学研究文学艺术审美的“自律”，也不能离开整个社会发展的“他律”。胡经之特别强调，文艺美学是开放的，它必须吸收哲学、社会学、伦理学、经济学、语言学、符号学等学科的研究成果。文艺理论是对文学艺术社会的、政治的、道德的、心理的、美学的种种因素进行全面、综合的研究，因此，文艺美学只能属于文艺理论的一个门类，不能取代文艺理论。同样，文艺美学也不能取代美学以及美学的其他门类。它既需要采取“自上而下”的方法，又需要运用“自下而上”的方法；既需要以“一般”来指导“个别”，也需要从“个别”到“一般”，依靠与个别美学门类的共同努力，揭示文学艺术的普遍、特殊、个别的审美规律。因此，文艺美学只能是美学的一个门类。

1989年，胡经之出版了《文艺美学》，1999年修订再版。在修订再版的绪论中，胡经之对文艺美学是什么的思考又深入一步。他认为，文艺美学是诗学和美学的融合，它与人的现实处境和灵魂归宿联系在一起。这显然是受当下文学艺术发展和观念更新的启发。文艺美学要解决的核心问题是艺术的意义和艺术本体之真，揭示艺术活动系统的奥秘，把握多层次的审美规律，深度拓展艺术生命的底蕴。这适应了文艺美学现代化的需求，使得它的研究目标更加明确。

三、构建理论成系统

既然文艺美学不同于文艺学、美学，那么，文艺美学应该有怎样的理论

①玛尔霍兹：《文艺史学与文艺科学》，李长之译，《李长之文集》第九卷，河北教育出版社2006年版，第196页。

构成？对此，胡经之进行了非常艰苦的斟酌与思考。思考之所以艰苦，是因为没有现成的参照，只能依据文艺学、美学的发展历史和具体的文学艺术的审美实践。这一思考的成果，一直到1989年他的《文艺美学》出版才得到完整的揭示。从这一思考的最终成果来看，比较周详，也比较细密，它确实不是文艺学和美学的原理，也不是两者的简单相加，而是一个独特的理论系统。对此，胡经之自己有一个表白：

在我的思考中，曾想以艺术形象作为我分析的出发点，由艺术形象的特性引出艺术的内容、形式、构成、形态等等，然后再转入创作活动和欣赏活动。这是从静态分析走向动态考察的行程，常见的教科书就是采用这种方法。但我经过几番思考，还是放弃了这条路程，而顺着另一脉络展开去。我想，与其面面俱到，四平八稳，还不如有感即发，无感不发，有话即长，无话既短。审美活动、艺术本体、审美体验等问题，别人说得不多，而我有话要说，为何不由此入手展开？而别人在过去已谈得不少的批评、鉴赏等问题，我又何必多说！于是，我先从分析审美活动着手，剖析艺术把握世界的方式，进而探究审美体验的特点，寻求艺术的奥秘，然后才转入艺术美、艺术意境等的论述。这是从动态分析走向静态考察的路程。也许，这不是最好的方法，但既然我已沿着这条脉络展开我的思路，那就让它去罢！①

确实，胡经之在思考文艺美学的理论构成时，最早考虑的是艺术形象问题。1981年，他发表了《论艺术形象——兼论艺术的审美本质》一文，就表明

①胡经之：《文艺美学·序》，北京大学出版社2003年版。

了他思考的切入点是艺术形象。后来《文艺美学》成书，艺术形象却被安排在整个内容结构的后面。这是胡经之文艺美学理论构架逻辑的改变。这一改变非常关键。这种改变基本摆脱了当时文艺学和美学原理的逻辑阴影，进入实质性的创造阶段。

考察胡经之文艺美学的理论构成，当然要以《文艺美学》为主。他对文艺美学诸理论问题的思考，基本都体现在这本书的逻辑结构之中。从中，我们能够清晰地看出他对文艺美学独特性的理解与创造。

《文艺美学》由 11 个重要问题组成，依次是：审美活动、审美体验、审美超越、艺术掌握、艺术本体之真、艺术的审美构成、艺术形象、艺术意境、艺术形态、艺术阐释接受、艺术审美教育等。对其中每一个问题的探讨，都倾注了胡经之创造的心血。这些问题，涉及艺术的本质、艺术的审美价值、艺术思维、艺术真实、艺术美的构成、审美意象及其符号化、艺术本体的深层结构、艺术感悟等一系列重要问题。这些问题，文艺学和美学原理虽然经常论及，但是基本是二线问题。而所有这些问题，却都是文学艺术独特的审美规律，与文艺学的作品、创造、接受的三维构成和美学对审美活动、审美意识、审美本质等问题的形而上思辨存在巨大的差异。这基本印证了胡经之对文艺美学的看法，即文艺美学以文学艺术为研究对象，既可归入文艺学，又可归入美学。

胡经之的这个文艺美学的理论构成有什么独特之处？它又具有怎样的价值呢？

首先，它是一个逆向思维的产物。就像胡经之所说，一般的教科书对理论问题的分析往往采用的是从静态走向动态的考察方法，而《文艺美学》却反其道而行之，先从动态分析着手，然后进入静态的研究。在这一行程中，对文艺学、美学原理中所涉及的一些共性的、别人说得比较多的问题，胡经之说得比较少，而对文艺学、美学原理中所涉及的一些带有个性色彩的、独特的、别人说得比较少的问题，胡经之则说得较多。这本身就极为可贵！与时下无话找话、动辄十数万言、包罗万象、企图建构所谓学术大厦的一些所谓的学术著作相比，胡经之的这种做法是否值得思量呢？

这种逆向思维本身就是一种创新。在胡经之看来，审美活动、审美体验、审美超越、艺术掌握是动态的，艺术本体之真、艺术的审美构成、艺术形象、艺术意境、艺术形态是静态的，而艺术阐释接受、艺术审美教育是动态还是静态的呢？在我们看来，仍然是动态的。实际上，胡经之的文艺美学的理论体系是一种“动态——静态——动态”的结构。这就使得这一理论的构成充满灵性，具有鲜活的生命之动，表现出一种可贵的创新精神。

其次，它对艺术本体和艺术意义非常重视。这是当时的文艺学、美学原理有所忽略的问题。胡经之曾经说过：“以追问艺术意义和艺术本体为己任的文艺美学，力求将被遮蔽的艺术本体重新推出场，从而去肯定人的活生生的感性生命，去解答人自身灵肉的焦虑。因此，文艺美学将从本体论高度，将艺术看作人把握现实的方式、人的生存方式和灵魂栖息方式。”[①]这就是说，文艺美学的研究应该以人为中心，追问人的生命意义。而人的生命意义是蕴含在艺术本体之中的。要想完整发掘人的生命意义，必须追问艺术本体，探讨艺术意义。

艺术本体是什么？艺术意义又是什么？这些问题恐怕用几句简短的话不好回答。艺术本体是艺术的存在之根，是艺术的生命价值之所在，而艺术意义就是艺术本体价值的体现，是艺术生命力存在的依据。当然，这些都与人的感性生命连接在一起。因为，艺术是人的创造，是人的灵与肉聚焦，艺

---

①胡经之：《文艺美学》，北京大学出版社2003年版，第1页。

术本身是灵动的,它充满着人的风骨、精神、气质。文学艺术借助于一定的艺术形式,通过艺术形象、艺术意境表现人的风骨、精神、气质。因此,文艺美学不仅注意对文学艺术的艺术形象、艺术意境、艺术形态等问题的研究,更注重对审美体验、审美超越、艺术掌握的研究,这是文学艺术魅力产生之源。离开了人的审美体验、审美超越、艺术掌握,很难想象文学艺术还能成为文学艺术。在这个意义上,我们可以称文艺美学是艺术生命之学。它关注的是艺术生命,其实关注的是人的存在价值和意义,呵护的是人的心灵。

再次,它将文艺学和美学熔为一炉。胡经之文艺美学的理论体系把审美活动作为自己立论的逻辑起点,然后论述了审美体验、审美超越、艺术掌握、艺术本体以及艺术形象、艺术意境、艺术审美教育等问题,这些都是既关乎文艺学又关乎美学的问题。然而,文艺美学既不是文艺学,也不是美学,同时,既可属于文艺学,又可归为美学,处于文艺学和美学中间。胡经之将之熔为一炉,使之相互融化渗透,在融化渗透中彰显了自己的个性,寻求文学艺术的独特规律。例如,胡经之对艺术形象问题的研究,就比较充分地体现了文艺学和美学融合的特点。艺术形象问题是文艺学的基本问题,胡经之首先探讨了艺术形象与非艺术形象的差别,指出艺术形象是一种审美品,它主要是用来表达人的审美体验的。接着,胡经之论述了艺术形象和审美意象的关系。他认为,美的物象并非是艺术形象,只有当它转化为一个审美的意象,并且经过物质的表现时,才能够成为艺术形象。接着,胡经之又往深层次拓展,探讨了审美意象的特性和审美意象的结构方式。这些都是审美的视角。这就充分证明,他所说的艺术形象不同于文艺学的艺术形象,而是物化形态的审美意象。胡经之对审美体验的探讨也是如此。他主要考察了审美体验的发生层次、审美体验的特征、审美体验的深拓性,既是对艺术审美的考察,也是对艺术创造的考察。文艺学和美学这两种角度在胡经之的分析与考察中结合得非常巧妙，很少有刀斧之痕。

这样看来，胡经之文艺美学的理论系统确实有它的长处，总体上富有逻辑性和层次性。胡经之对一些具体理论问题的言说，都是中西融通、相互参照的。在这个理论体系中，我们能够明显看出他融合古今、贯通中西的气派。因此，胡经之文艺美学的理论构架，不是西方的文艺学（诗学）或美学的构架，而是具有中国特色的理论构架。这就说明，文艺美学是中国的，是中国人自己的创造。

四、追问艺术生命美

对艺术生命意义的追问是贯穿胡经之文艺美学的一根耀眼的红线，他对文艺美学各问题的讨论都交织着这么一个主题。艺术生命关联着艺术本体问题。艺术本体是中西方哲学、美学都非常关注的问题，它关注的是文学艺术的终极存在，探求的是文学艺术的根本属性。由于它紧密关联着人的生存价值与生命意义，又与认识论相互交织、密不可分，对矫正机械的认识论有一定的作用。在那个机械认识论没有完全消退的 20 世纪 80 年代的中国，胡经之提出并探讨了这么一个问题，是需要一定的学术胆识和学术眼光的。

在对艺术生命意义的追问中，德国哲学家、美学家海德格尔对胡经之有很大启发。海德格尔把诗（艺术）与思高度哲理化，认为一切思都是诗，而一切文学艺术的创造都是思，把诗看作思的存在方式。胡经之正是从这里切入进入艺术生命意义的思考的。他说："人类正是通过真正意义上的创造，通过'思着的诗'或'诗化的思'使自己的本真存在在语言之中进入敞亮，获得生命的价值和意义。因此，艺术的根本目的是通过审美之途，通过赋诗运思,感悟人生生命意蕴所在,并在唤醒他人之时也唤醒自己,走向‘诗意的人生’。”①

艺术的本真存在是感悟人的生命意蕴,走向诗意人生,这就是艺术的生命意义之所在。如何把握艺术的生命意义?只有依靠审美。因此,胡经之一开始就把自己的目光聚焦于审美活动。他着意强调审美活动的主客体交流与契合是人类自由的实践活动,认为只有当人类的活动转化为自由的实践活动时,人类才具有审美需要,人类的活动才具有审美的意义。审美活动中的主客体交流是一个非常复杂的心理流程,是诗意人生的具体化表现,从这一过程的实质看,主客体的交流是交互的。在胡经之看来,这种交流有两个特殊的过程:一是来自于艺术家自身。艺术家借助于艺术思维糅合客观的材料和自己的主观创造,获得审美的升华。二是来自于客观的材料。这些材料本身有自己的运动秩序,有自己的规定性和发展规律,在交流的过程中被社会化,获得审美的定性。这就使得主客体在交流的过程中相互制约而又能相互创造。与此同时,审美活动使人的内心世界本身达到了平衡。然而,平衡是相对的,不平衡是绝对的,无论是平衡还是不平衡都会促使人去改变世界,最终获得审美的感悟。因此,胡经之花费心力探讨了审美主体的心理奥秘,并将之视为文艺美学研究的一项重要的任务。

胡经之的这一思考虽然没有绕开中西美学史上关于主体与客体的二元论认识,但是却有超越的地方。这超越之处就是还原审美活动中的主客体的交互性,认定这种交互性是一种平衡。这一思想还贯穿在他对其他问题的讨论中。在研究审美超越时,胡经之把自己的视角放在对文艺的审美特征、文艺与审美的关系以及艺术的审美价值等问题的思考上。尤其是对艺

①胡经之:《文艺美学》,第 17 页。

术价值的讨论，他一反传统上将美仅仅看作形式或者将美确定为机械的伦理道德内容的做法，认为艺术价值不仅在于完成作品，更在于完成人的灵魂塑造。在思考审美掌握时，胡经之关注的不仅是人与世界的审美掌握方式，更把这种审美掌握与艺术家的意象思维联系在一起。意象思维是人的实践——精神的掌握方式之一，是人的自由实践的体现。这还是人与艺术的生命意义问题。而最为精彩的莫过于他对审美体验、艺术形象、艺术意境的认识。从中，我们能够完整看出他对艺术生命意义的理解。

审美体验貌似西方文艺学、美学的命题，但却是中西方文艺学、美学都非常关注的问题。早在宋代，理学家就曾经提出"体验"这一概念，并将它运用到对学问的研究之中。朱熹《答许顺之》有言："幸秋来，老人粗健，心间无事，得一意体验。"[①]就是说，只有"心间无事"，才能体验。所谓"心间无事"，就是没有过多的功利考虑，是一种自由、自然的心境。而西方对体验的理解虽然不同的国度、不同的学者差异很大，但是，强调体验的瞬间性和直觉的感悟特征是共同的。胡经之使用的这一概念，实际上是融合中西理念的。

首先，胡经之探讨了审美体验的心理动力。他认为，审美体验是属于审美心理深层结构的动力过程问题。当代心理学的研究已经表明，审美体验是大脑皮层质从抑制到兴奋的过程，是对相对稳定的审美经验的激发、流动、重新组合的过程，是在感受无穷意味的审美对象时所产生的心灵战栗。他将审美体验和审美经验进行区分，认为审美经验是审美主体从无数次审美活动中所获得的各种审美感受和内心印象的总汇，它包含着审美感知、审美情感、审美想象、审美理想、审美感受等。审美经验具有积淀性、被动性、接受性等特点，是相对静态的、一般的。而审美体验是审美主体的张力场，

---

①朱熹：《晦庵先生朱文公文集》，卷第三十九，四部丛刊本。

它能够随着情感、想象、灵感等多种心理因素交融、重叠、震荡、回流，呈现出不同的形态，是主动的、富有创造性的、导向性的活动。这就基本上把审美体验和审美经验区分开来，强调审美体验的个体性。胡经之运用大量的中外文学艺术作品的实例对审美体验的特殊性进行分析，他认为，人类的许多体验如日常生活体验、道德体验、宗教体验等非审美体验，都可以转化为审美体验，但是，都必须具备转化的条件。他说："在一定的条件下，非审美体验可以导向审美体验，或转化为审美体验。而且，一般地说，丰富的人生经验的积淀，将有助于审美体验的深化，换言之，审美的深层体验，是以深度体验和广泛的日常生活体验为杠杆的。"[1]这就把审美体验的心理动力问题讲得比较清楚了。

其次，胡经之从审美主体与客体的审美状态入手，试图揭示审美体验的心理奥秘。他认为，在审美体验中，审美主体和客体本身的关系是静态的，而只有当它们相互感发相生相合时才能进入到动态过程，呈现为动态关系。胡经之对动态和静态这两种状态进行了分析。在静态分析中，他认为，审美主体必须具备两个主观条件才会产生审美体验，一是审美能力，其中包括审美感受力、审美想象力、审美理解力、审美情感等；二是丰富的经验，其中包括审美经验和非审美经验。而对审美客体来说，它必须要具备审美特征以及审美信息刺激丛，具有美的魅力以及兴发感动的力量，能迎合人们的审美需要，激发人们的审美情感。只有具备这两个条件，才能产生审美体验。在动态的分析中，胡经之运用中国古典文艺理论和美学的观念来解释审美体验，归纳出了审美体验所表现出来的起兴、神思、兴会等几个不同的心理层面。通过对这些不同层次的心理层面的分析，胡经之得出了结论：艺术创作

---

①胡经之：《文艺美学》，第 57 页。

的审美体验过程表现为相对独立的三个环节：一是艺术家虚静所表现出来的一种极端的聚精会神的心理状态，二是艺术家兴发感动勃然而起时所表现出来的迅速突破外形式而体味内形式的动感状态，三是艺术家进入最高的体验层次之后所表现出来的灵感勃发从而实现物化的境界。这每一个过程都是复杂的心理过程，审美体验的奥秘就体现在这一系列的心理活动之中。然而，审美体验不仅仅是艺术家进行艺术创造的专利，审美接受者在进行审美阅读与欣赏时也同样具备这种心理。它们共同构成了审美体验的系统。艺术的接受是一种再度体验，而艺术的价值就体现在这再度体验之中。胡经之比较深入地讨论了这种再度体验的特点。在他看来，再度体验首先是对艺术作品符号的破译，它能把读者的审美注意力凝聚在审美对象上；其次是文学艺术作品的情节、意境、气韵等与主体心灵交融，达到会心的中级体验状态，从而产生强烈的情感共鸣；再次是作品所释放出来的审美信息丛使主体能够充分发挥审美体验的能动性，达到"超以象外，得其环中"的境界，使灵魂受到震撼。

其三，胡经之比较深入地发掘了审美体验的特性、层次性和拓展性。他认为，审美体验的特性表现在五个方面：模糊性和直觉超越性、激情性和随机性、流动深化性、双向建构性、二象性特征。而审美体验的层次性和拓展性系列表现得比较复杂。在对这一问题的分析过程中，胡经之虽然把自己的目光凝定在中西宽广的理论视域，但却对中国传统的审美体验理论情有独钟。他说："中国以中和为本，在审美体验'心物'两极之间获得辩证统一，这是一种'镜'（再现）与'灯'（表现）的统一。中国美学对文艺审美特性的认识是一以贯之而富有变化的。但这变化是一种深化，不是一种断然的否定,而是中和、节制、自律的进程,围绕'心物'一轴上下波动。"[①]由此,他分析、比较了兴与移情、神思与想象、兴会与灵感等中西美学范畴,一方面承认它们内涵的差异性巨大,可比性比较薄弱;另一方面,又尽可能发掘出它们的相似点,探讨这些理论范畴的独特性以及审美创造的价值。这些,其实关注的仍然是艺术的生命意义。

胡经之对艺术形象的探讨同样与艺术的生命意义联系在一起。他并没有受20世纪80年代以前关于文学形象理论研究的影响,而是从艺术形象和非艺术形象切入,思考艺术形象的特性,进而揭示文学艺术的本质。在胡经之看来,艺术形象是一个审美物象,但艺术形象并非仅仅是个审美物象,它以审美物象作为自己的构成形式,借助于审美物象来表达特定的精神内容,这一精神内容就是审美意象。因此,审美意象就成为胡经之关注的焦点。审美意象隐藏于作家、艺术家的内心深处,要想使审美意象成为艺术形象,必须要经过符号化。胡经之说,审美意象"是包含着审美认识和审美情感的心理复合体"[②]。也就是说,在审美意象中,既包含着审美认识又包含着审美情感。审美认识是对现实对象的审美价值和审美属性的认识,这种认识并非单纯的理解、思维,还有感知、直觉等。而审美情感是与审美认识纠结在一起的,它是人对现实对象的审美属性能否满足人的审美需要所做出的反应。审美认识和审美情感的融合便完善了审美意象。审美意象对审美认识和审美情感的偏重和选择形成了不同的艺术类型。突出审美情感的艺术以抒情为主,形成抒情性艺术;突出审美认识的艺术以造型为主,形成造型艺术。造型艺术的审美意象以形寓情,抒情艺术的审美意象使情具形。胡经

①胡经之:《文艺美学》,第 81 页。
②胡经之:《文艺美学》,第 217 页。

之以大量的诗歌、音乐作品为例加以论证，凸显了他对这一问题的认识与众不同。胡经之对审美意象的特征、结构方式和符号化的探讨，在一定程度上深化了他对艺术形象生命意义的考察，其理论意义是极其深远的。

与此同时，胡经之对艺术生命意义的追问还表现在他对艺术意境的思考上。艺术意境是中国古典文艺学和美学的一个重要范畴，它的理论内涵非常复杂。胡经之并没有将这一理论静态化，而是将它放置到一个动态的背景中进行分析。他指出，中国古代的"言志"说、感物说、比兴说、言不尽意说等，都与意境的发生有着千丝万缕的联系。这说明，这一理论的背后隐藏着一个庞大的体系。这也正是古往今来的理论家们不辞辛劳、反复发掘其中的理论内涵的一个重要的原因。在胡经之看来，审美意境的构成有三个层面：境、境中之意、境外之意。境是象内之象，它是"审美对象的外部物象或艺术作品中的笔墨形式和语言构成的可见之象"。境中之象是"审美创造主体和审美欣赏主体情感表现性与客体对象现实之景与作品形象的融合（包括创造审美体验和欣赏的二度体验）"①。境外之象是无形之象，它不是一种能够独立存在的境，而存在于前两种境之中，但却是审美意境的极致。它秉承了宇宙之气的生命心灵，具体表现为天、地、人之间的和谐关系，达到了"天人合一"的妙境。这是一个由低到高、由物至心、由物质到精神的超越过程。这种对意境的思考视角非常独特。尽管他对这一问题的探讨还有待于进一步深化，但是，胡经之的研究给人们以很大的启发。

从以上的分析中，我们可以看到，胡经之对艺术生命意义的认识十分广泛，涉及许多重要的理论问题。这一问题关乎文学艺术的价值，是他早在20世纪50年代末就曾经追问过的"古典作品何以具有艺术魅力"的理论延续。

---

①胡经之：《文艺美学》，第260—261页。

只不过在这里,胡经之将他先前的追问更加学理化、系统化,从中我们能够更加真切地体味到他对艺术生命意义的态度。

五、探寻创美之规律

文学艺术的审美规律是胡经之非常用心的问题,这是他研究文艺美学的主要目的。在他看来,文艺美学研究的就是文学艺术的特殊本质和独特规律。胡经之认为,文学艺术至少有三个不同层次的审美规律:一是文学艺术同一切审美活动共有的普遍的审美规律,二是文学艺术区别于其他审美活动独具的审美规律,三是文学艺术的不同样式、种类、体裁之间相互区别的更为特殊的个别规律。这三个不同层次的审美规律,既相互区别,又相互联结,不同的美学部门,从不同的层次上去研究它们之间的相互区别与联系,就会得出不同的结论。而文艺美学应该从何处着手?这是胡经之思考的焦点。他明确意识到,解决不好这一问题,文艺美学的逻辑体系就很难建立起来,失去基础的文艺美学就会成为空中楼阁。“文艺美学在研究文学艺术自身特具的审美规律时,无疑,既不能脱离那些所有审美活动共有的普遍的规律,又要联系下一层特殊的个别审美规律(音乐的,舞蹈的,文学的……),但它责无旁贷,必然要研究文学艺术共有的这一层审美规律。”①这就是说,文艺美学应该在普遍、特殊、个别这三个规律的联结中来确定自己的研究对象。这就把文艺美学的任务确定在对审美规律的发掘上。

文艺美学要发掘什么样的审美规律?胡经之认为,文艺美学既然是文学艺术的美学,必然要从文学艺术本身说起。文学艺术作为一种审美活动

---

①胡经之:《文艺美学及其他》,《美学向导》,第41页。

和审美现象，本身就是一个独特的系统，这个系统由文学艺术创造、文学艺术产品、文学艺术享受三个方面构成，每一方面都有自己的审美规律。这三个方面的审美规律就是文艺美学的研究对象和研究内容。而文学艺术的审美规律，又离不开社会生活中的其他规律，如经济的、政治的、道德的规律等，文艺美学不能把审美规律与其他社会规律割裂或对立。胡经之说："文艺美学研究文学艺术审美的'自律'，不能离开整个社会发展的'他律'，不能轻视'他律'对'自律'的制约作用，正如研究地球的自转，不能抛开它围绕太阳的公转。但是，文艺美学要着重弄清的，乃是文学艺术这种特殊审美活动的'自律'，'他律'如何通过'自律'而发生作用，从而产生一种'合力。'"①这三个方面的具体审美规律不需要我们细谈，胡经之也没有纠缠这三个方面的具体审美规律，但他着重探讨了"按照美的规律创造"的问题，值得我们深思。

胡经之说："人类不仅要按照美的规律来生产，生产出来的新客体，不仅要符合主体的实用需要，而且要符合主体的审美需要。只是，在一般物质生产领域，虽然也要按照美的规律来生产，但创造审美价值不是其主要的目的，创造实用价值才是首要目的，审美价值从属于实用价值。就是在精神生产领域的经济学、政治学、哲学等的创造，尽管也按照美的规律进行，但也不以创造审美价值为主要目的，审美价值从属于功利价值。"②这就是说，在按照美的规律的创造中，存在着艺术的审美创造和非艺术的审美创造两种情况，只有充分揭示现实世界中人的审美价值，并且超越这种审美价值，达到人的思想灵魂净化的审美创造才是真正的艺术审美创造。这样，胡经之就

---

①胡经之：《文艺美学及其他》，《美学向导》，第43页。
②胡经之：《艺术：按美的规律创造》，《文艺研究》1999年第4期。

把“按照美的规律创造”的命题深化了。

胡经之具体从三个方面来论述“按照美的规律创造”的问题。首先,艺术审美离不开美的规律。艺术审美的目的是要发掘出艺术对象中所蕴涵的精神内容,这种精神内容就是按照审美理想、审美观念、审美趣味所组织起来和系统概括化了的审美体验,表现在文学艺术作品中就形成了文学艺术的精神意蕴。这种精神意蕴不是普通的政治观点、哲学观点、道德观点和宗教观点,而是这些观点被审美体验折射而转化成为艺术的内容,显示出独特的审美价值。艺术审美就是要领悟艺术对象的审美价值。这种审美价值,一方面,是人在艺术创造活动中,“以作品的形式客观地反映了世界的审美价值财富,并且概括了主体对世界审美关系所形成的精神价值。另一方面,

>> 参加美学研讨会(2000 年桂林)

还包括人在通过艺术审美(欣赏)所获得的审美体验(二度体验)中,不断形成新的审美趣味和审美心理结构,也就是对人的审美塑造——最高的审美价值”[1]。这样,艺术的审美本质就是审美超越,最终实现人的心灵净化和精神升华。

其次,艺术掌握离不开美的规律。胡经之说:“艺术家为了要创造出美的物品,不能不按照‘美的规律’去改造一些物质对象,用工具(器)去作用于物,把物和物结合起来,成为一个美的物品,就像能工巧匠制作漂亮的器皿用具、精巧的刺绣织品一样。不按照‘美的规律’从物质上去掌握客体,艺术家就决不能创造出艺术作品。”[2]艺术创造是艺术家对世界的审美掌握,这种掌握是物质掌握和精神掌握的统一,它有自己的特殊规律。这种特殊的规律都体现在艺术家的创造过程之中。艺术掌握的目的是用完美的技法将自己的思想情感与客观自然之物和现实之物结合起来,形成一个个审美的意象。艺术掌握就是要创造出具有丰富审美意蕴的审美意象,并通过这些审美意象给人们提供美的享受,满足人们的审美需求。胡经之尤其看重艺术思维在艺术掌握中的作用。他认为,艺术家的艺术掌握是通过艺术思维来实现的,艺术家运用艺术思维创造出艺术的意象,实现审美情感和审美意识的统一。因此,艺术掌握离不开美的规律。

其三,艺术形态离不开美的规律。艺术有多种多样的类型、体裁、品种和样式,它们都有自己的特殊规律。这些特殊的规律是艺术形态学所要揭示的重要内容,当然也是文艺美学必须关注的,因为,文艺美学的研究对象是文学艺术,其中当然包括对各种艺术形态的研究。胡经之说:“文学艺术

---

①胡经之:《文艺美学》,第133页。
②胡经之:《文艺美学》,第143页。

的创造,既然要靠劳作,也就必然要有作法。在长期的艺术实践历史过程中,每一种艺术类型都积累了一套艺术劳作的‘手法’。要能创造出美的作品,当然必须按照美的规律,运用精湛的技艺,精心加以制作。”[①]每一种艺术形态所积累的那些劳作的手法,是美的规律的重要组成部分。同时,这些美的规律,还包括各种艺术形态的独有的符号系统,正是依靠这些符号,艺术向人们传达着丰富的审美信息。然而,艺术符号毕竟是有限的,用有限的符号向人们传达无限的信息,便给艺术的传达提供了难题。要解决这些难题,必须遵循各种艺术形态美的创造规律。胡经之分析了各种艺术形态的审美特征,力图揭示艺术符号在审美传达中的生命意义。在他看来,书法线条是以二度空间表现出来的流动的符号,它传导的是生命的节律;绘画是以线条、色彩、构图去完成内在心灵情愫的审美物化,传达画家的生命情调和审美体验;文学以语言为媒介,借助于语言的精神性和穿透性创造美的意境和形象,以表现作家的审美追求;戏剧将各种艺术整合为一个统一体,生成了一种新的审美素质,改变了各种艺术独立时的形态和规律,以直观性和具体性,通过戏剧冲突来塑造人物形象,展现艺术家的审美理想;音乐通过旋律等音乐语言所组成的运动形式,表现人类的生命存在和生命力的运动,昭示人类灵魂的真;舞蹈以它的再现性和动态造型性的特征展现艺术家的感情、观念、趣味和理想;电影将文学、戏剧、绘画、音乐、摄影等艺术融为一体,创造完美的音画形象,是艺术家对一种新的生命之美的追求。

由此观之,美的规律无处不在。尽管文学艺术的整体状况比较复杂,尽管我们也无法穷尽众多艺术形态的所有规律,但是,任何艺术都展现的是人类对美的追求,都展现了人类的生命情思和审美体验。这些规律是我们必

---

①胡经之:《艺术:按美的规律创造》,《文艺研究》1999 年第 4 期。

须探索的,也是我们在艺术创造中应该遵循的。胡经之对美的规律的研究对我们有一定的启发意义。

六、多元视野与方法

胡经之开拓了文艺美学,使它成为一个时代的显学。这是胡经之对中国现代文艺理论和美学研究做出的重要贡献。胡经之文艺美学研究的学术贡献并不仅仅体现在这一学科本身,而且还表现在整个文艺学、美学研究方法的更新上。他的多元的文化视野和比较的研究方法给建设具有中国特色的文艺学、美学以诸多的启示。

如果考察一下中国现代文艺理论和美学的研究历史,我们就会发现,19世纪末20世纪初的文艺理论和美学研究都是常态的。那时,中国的国门已经打开,文人知识分子开始睁眼看世界。他们在引进西方先进的科学文化知识的同时,并没有抛弃中国的学术传统。以王国维、梁启超为代表的第一代文艺理论家、美学家和以朱光潜、宗白华、钱钟书等为代表的第二代文艺理论家、美学家都坚持中西融通的研究方法,企图建立有中国特色的文艺理论和美学。其中,尤以王国维、宗白华最为执着。他们把中国传统的文艺理论和美学作为构建中国现代文学理论和美学的主干,把西方的文艺理论和美学观念当作重要的参照,从而激活了中国传统的意境理论,使之成为中国现代文艺理论和美学的一个极其重要的内容。非常可惜的是,这一优良的学术传统在新中国成立以后被迫中断,在学习苏联的过程中,中国现代文艺理论和美学的研究方向逐渐迷失了。由于机械套用马克思主义的观念,认识论的方法成为文艺理论和美学研究的唯一正确的方法,中国传统的文艺理论和美学被当作封建的糟粕加以抛弃,西方的文艺理论和美学被当作资产阶级的腐朽东西加以批判。直到20世纪70年代末80年代初,中国的文艺理论和美学研究一直处于尴尬的境地。为了改变这种现状,很多文艺理论和美学研究者都在努力摆脱左的思潮和研究方法,在这种情形下,胡经之的文艺美学研究就显得非常可贵了。

20世纪80年代初期,胡经之的文艺美学研究就已经进入比较文艺学和美学的研究领域,能够娴熟地运用跨文化的研究方法探讨文艺美学的相关问题。这是胡经之有意识的行为。1981年,他发表了《比较文艺学漫说》,探讨了比较文艺学研究的必要性,为此后的学术研究做好方法的铺垫。为此,胡经之广泛接触古今中外的文艺学和美学理论,搜罗了大量的材料,先后主编了大量的资料丛编和教材、著作,以训练开阔的学术视野。这为他的文艺美学研究提供了便利,使得他的研究既具有开放性,又具有很强的民族性。

胡经之跨文化的比较方法比较典型地表现在审美体验的研究之中,他深入地讨论了审美体验的层次性和拓展性序列,拈出了中西文艺学、美学中的三对范畴——兴与移情、神思与想象、兴会与灵感加以考察。胡经之并没有机械地比较它们的异同,而是将它们置于跨文化的语境之下,进行全方位的透视。在比较兴与移情时,胡经之说:"中国美学的'兴'的感物起情,与移情说主体将生命灌注对象而情感化有某种相似之处;审美移情的主体生活在对象里,大有'情往似赠,兴来如答'的味道。"①他认为,兴与移情"都是主客体相交,都是情感投射,都是表现为感情互置和兴奋"②。在比较神思与想象时,胡经之首先阐释了这两者在不同文化语境中的内涵,然后再加以比较。他认为,中西方都认识到神思或想象的发生离不开审美主体和审美客

①胡经之:《文艺美学》,第86页。
②胡经之:《文艺美学》,第86页。

体这两个条件，都看到了神思或想象的超时空性和设身处地的体验特征，都看到了神思或想象既有情感的激发又有理性的制约，都认识到神思或想象是艺术创造的动力和成败的关键，都认识到神思或想象是由感物到心物一体。同样，在比较兴会与灵感时，胡经之发现，中国古代的兴会说注重和谐的物我交流和"虚静"状态，注重物化，注重以理节情，注重人的内在修养，而西方的灵感说注重宗教、神学上的迷狂，注重个体的自我性，注重激情、狂热，强调最高的美是上帝，等等。通过对这些中西方不同的文艺学、美学范畴的比较，凸显了中西文艺学、美学的差异。这种跨文化的比较方法的运用，在一定程度上继承了朱光潜、宗白华的文艺学、美学的研究路径，使文艺美学朝着民族化的方向发展并逐步深入，且步伐更加坚实。

胡经之的文艺美学研究还广泛地借鉴了西方现代文艺学、美学的研究方法。在对文艺美学诸问题分析的过程中，他依据不同的问题对象分别运用了文艺心理学、新批评、结构主义文学批评、符号学、阐释学、接受美学等方法，并且能够认真地去粗取精，去伪存真，显示出一种兼容并包的特色。

在人类的审美创造活动中，涉及较多的、也是人们难以理解的现象是心理现象。在解决这一问题的过程中，胡经之运用了文艺心理学的研究方法。例如，在探讨审美体验和审美经验的区别时，胡经之就是从审美心理切入进行分析的。他认为，审美体验是主动的、富有创造性和导向性的，它是主体审美的张力场，随着情感、想象、理解、灵感等多种心理因素的交融、重叠、震荡、回流而呈现出不同的形态。而审美经验具有积淀性、被动性、接受性的特点，它注重历史的积淀，具有普遍的认同性，是相对静止的、一般的。然而，它们之间又有联系。审美体验是一种特殊的审美经验。这种心理的分析就给人以清新之感。

在对审美意象的分析中，胡经之引进了西方符号学的观念。他认为，审

>> 与国际比较文学学会主席佛克马交谈（1986 年，张旭东任翻译）

美意象要转化为艺术形象，必须要经过一定的物质符号的加工。艺术符号分为两大类型：一是语言符号，二是非语言的其他符号，如人体、色彩、光线等。艺术语言符号是文学艺术的生命力，在具体运用的过程中，它可以分为论述性符号和显现性符号。不同的符号具有不同的表达功能，但其使命都是为了满足人们的审美需求。

在对艺术欣赏的分析中，胡经之充分运用了阐释学和接受美学的观念，探讨了它们在艺术对话中的意义。他认为，艺术阐释学和接受美学对艺术欣赏中接受主体的重视、对读者中心的强调以及将作品意义看作接受过程中的生成的观点，对文艺美学的研究有新的启示。我们的文艺美学就要充分注意挖掘读者接受的潜力，使艺术审美欣赏成为一种创造性的欣赏。由此着手，他深入分析了艺术欣赏（二度体验）的心理接受特点，给人耳目一新之感。

胡经之的文艺美学研究常常结合自身的审美体验来说明艰深的理论问题，这是他自身的审美感悟。在对文艺美学诸问题的理论论述中，他就把自己的这种审美感悟纳入对问题的分析之中，采用现身说法，使人感到既亲切、朴实而又入情入理。其实，这是中国传统文艺批评方法的复归。例如，在讨论审美活动的主客体关系时，他就讲述了自己乘船从长江三峡进入枝江湖，看到夕阳西下的景致时所产生的审美体验。他把夕阳西下与人生的美好生活联系在一起，是因为这种景致引发了他对儿时生活的美好追忆，引发了他对江南水乡美妙景象和自己成长过程的追忆。因为夕阳西下是他少年时期就经常看到并乐于欣赏的景象，枝江的夕阳使他不自觉地将相似的审美经验连接在一起，产生了无穷无尽的审美遐想。

多元的文化视野和研究方法，使胡经之的文艺美学研究呈现出鲜明的个性特征，对改善当时中国的文艺学、美学研究的生态具有积极的意义。同时，它也指明了中国现代文艺学、美学的发展方向，那就是，既不能固守传统，又不能盲目崇外，只有以传统为根，以其他民族优秀的文艺学、美学理论为参照，才是建设中国现代文艺学、美学的根本出路。

七、文艺美学影响广

文艺美学学科的创立，是当代中国学者向世界文艺理论、美学发出的具有原创性的声音，是中国学者贡献给世界的具有民族特色的文艺学、美学理论。它不仅适应了当下中国文艺理论、美学研究的需要，使当下中国的文艺理论、美学研究由原来单一的认识论回归到审美，同时，也适应了整个世界文艺理论、美学发展的新形势，力求与世界文艺理论、美学的研究对接，从而树立中国当下文艺理论、美学研究的新形象。因此，文艺美学赢得了学界的尊重。

20世纪八九十年代，文艺美学堪称显学，它引领整个时代的文艺学、美学研究乃至文学和艺术的批评，出现了很多质量高、影响大的文艺美学著作。那时的文艺美学研究，除了基本理论之外，还涉及各艺术门类，诸如小说、诗歌、散文、书法、绘画、音乐、戏剧、电影等，都成为文艺美学研究的热门话题，探讨各种文学艺术形式的审美的本质和审美特征成为风尚。这足以印证学界对胡经之文艺美学的研究对象是文学艺术观念的认同。通过这些

>> 辛勤从教四十年(1993年，蔡德麟校长主持)

研究，中国当代的文艺学、美学研究也完成了自己的思想转变。对于这种转变，王岳川有一个精准的概括："从形而上学的哲学美学研究，进入'形而中'或形而下的门类艺术审美规律和美学特征的研究；从单纯的文艺学和美学研究到文艺学和美学的交叉学科研究；从文艺的外部研究（文学社会学和心理学研究）走向文艺的内部审美奥秘的研究；从理论僵化的学科分类到面向文艺思潮实际的经验总结和问题剖析；从西方美学的横向挪用到中国当代美学形态的创建。"①因此，在这个意义上，我们说，文艺美学学科的创立极大地改变了中国现代文艺学、美学的生态，一点也不过分。文艺美学的观念深入人心，唯此，才产生了极其广泛的社会影响。

胡经之因开拓文艺美学学科和扎实的理论研究实践赢得学界的高度评价。1999年底，在广州暨南大学召开了一个规模较大的"文艺美学在中国"学术研讨会，与会学者将近百人，由此拉开了反思文艺美学学科的序幕。学者们高度评价了中国学者对文艺美学的贡献，评价胡经之对文艺美学学科的开拓之功。胡经之的学术贡献也被纳入了学术史的视野。此后，发表了大量的研究论文，探讨文艺美学的学科问题以及这一学科在当代文艺学、美学建设中的意义。杜书瀛说："……在大陆，较早提出文艺美学名称并竭力倡导建立文艺美学学科的是胡经之教授，那么把他们称为文艺美学的教父，当不为过誉……台湾学者和大陆的经之先生上个世纪六十、七十、八十年代的学术活动，堪当文艺美学教父之职。"②曾繁仁称："胡经之教授对我国文艺美学学科的贡献是全方位的。正是由于他和其他许多学者的共同努力，文艺美学才成为独具中国特色的美学学科，成为在美学领域中国学者发出的

①王岳川：《当代中国文艺美学的学术拓展》，《深圳大学学报》2002年第1期。
②杜书瀛：《文艺美学的教父》，《南方文坛》2002年第5期。

>> 老友难得常相逢，左一为钱中文，左二为汝信，左三为周来祥(2001 年)

特有的声音。”①而童庆炳则称文艺美学是新时期创立的关怀人的心灵的学科，他说：“所以文艺美学不仅仅是要用美学的观念来阐释文艺现象和文艺问题，更重要的是要抵达人的最深的最微妙的心灵境界，抵达人性的最深的根基，从根本上说是要关怀人的精神家园。也许真是在这个意义上说，文艺美学才能成为新的学科。”②

《文艺美学》集中体现了胡经之的学科开拓成就。这部书出版于 1989 年，那时，很多学者都出版了自己的文艺美学研究著作，甚至有的直接以《文艺美学》命名，但是，丝毫不影响胡经之《文艺美学》的学术价值。1999 年，

①曾繁仁：《胡经之教授的重要学术贡献》，《深圳大学学报》2004 年第 1 期。
②童庆炳：《文艺美学——新时期创立的关怀人的心灵的学科》，《深圳大学学报》2004 年第 1 期。

该书修订再版。至今,《文艺美学》出版已经20多年,先后重印十余次,足以说明这本书的价值。它所产生的学术影响是极其深远的。

《文艺美学》出版之后,许多文艺学、美学研究专家纷纷发表评论文章,评价该书的学术价值,肯定它的学术成就。钱中文评价《文艺美学》:"显示了作者深厚的学术功力,深思熟虑的精深学理,诗学和美学的和谐结合和贯通中西的学术传统,成为文艺美学中最具创新力度的著作,从而充实和丰富了我国的文艺科学。"①王岳川评价说:"在我看来,这部《文艺美学》,是我国近二十年来有体系和创见的文艺美学理论专著。作者站在当代美学发展的前沿,面对美学研究的多元取向,提出自己的文艺美学理论。他将审美活动作为全书的逻辑起点,以审美体验艺术感兴为审美中介,最终在本体论上将艺术审美本体同人的审美生成联系起来。这里没有故弄玄虚和理论游戏,没有在诡辩中展开的伪问题,而是尽可能解答中西文艺实践中的具体问题,使自己的思考具有了人文精神的价值地基。"②

自从文艺美学作为一个学科方向被列入研究生的招生目录以后,国内很多培养研究生的高校及科研院所文学艺术系科的文艺学专业,把胡经之的《文艺美学》作为开展研究生教学的教材或重要参考书。而此书的影响,并不只在文艺学、美学领域,已经跨越了学术界,也为不少文艺爱好者所喜爱,其中的《虚实相生的取境美》一节还被收入中学语文课本和必读参考书中,供中学师生阅读。

2009年春节前夕,胡经之收到了常州一位素不相识的工程师汪一之的特快专递,寄的却是他的一本《文艺美学》,书中附有一封短信,说明寄这本

---

①钱中文:《汇入了生命体验的美学探索》,《美的追寻——胡经之学术生涯》,北京大学出版社2003年版,第5—6页。

②王岳川:《当代中国文艺美学的学术拓展》,《深圳大学学报》2002年第1期。

书的目的,是请他签名题词,作为永久的纪念。信中这样写道:“拜读《文艺美学》,就如‘从山阴道上行,山川自相映发,使人应接不暇’。沏一杯淡茶,书卷在手,时有问道解惑,豁然开朗的好心情。常见时下皇皇巨著,正襟危坐,高山仰止,总感有些惶惶然,不知所云。读您的著作,则顿觉心清神爽,获益匪浅。近日重品,遥想您举重若轻的风采,虽不能至,心向往之,不禁妄生冒昧之念,托付鸿雁,奉上尊著,恭请题词,以感谢您所赐那一片可贵的清心天地。”

这位读者并非文艺学、美学研究的专业人士,只是在做工程设计之余喜欢阅读一些美学书籍的工程师,从胡经之的《文艺美学》中,他获得了深刻的审美领悟。因此,他感谢给他带来这种审美领悟的作者。胡经之非常珍视这些读者的感受。他不断地追问自己:美学应何为?其实,这也是所有文艺学家和美学家应该深思的问题。

第五章　精彩南粤海滨

从江南水乡到北京燕园，是胡经之人生的一大转变，他在北大这所中国知名的大学生活了30多年。原本可以在此继续生活下去，治学终生，然而，连胡经之自己都没有想到，在他已届“知天命”之年，却被改革开放的暖风吹到了岭南。他的人生再一次发生了重大的转变。在古代，岭南是一个荒蛮之地，生存环境极其艰苦，因其荒蛮，它才成为罪臣的贬谪之所。韩愈、苏轼等大文豪都曾经遭贬岭南，至今，潮州、惠州等地仍流传很多关于他们的故事。当时，胡经之的学术事业正蒸蒸日上，他为什么要突然离开人人向往的北京，而来到深圳这个当时非常荒蛮的地方呢？很多人感到困惑。知情的朋友得知他要离开北京，纷纷规劝：年岁大了，既然要离开北京，还是回江南吧！南京大学中文系主任包忠文、苏州大学中文系主任范伯群都曾经向他发出邀请，或到南京，或到苏州，共同发展学术，开创文艺学博士点，培养文艺学研究的高级人才。后来，浙江大学要发展人文学科，中文系主任陈志明还亲自来到深圳，邀请他去杭州，参与创建浙江大学文学院。然而,胡经之既没有去天堂苏、杭,也没有去古都金陵,最终却在这岭南边陲小镇深圳沉淀下来。在这里,他参与创办了深圳大学中文系,参与申报成功了华南第一个文艺学博士点,参与国际交流,开拓特区文化,倡导文化美学,重释古典文艺学。实际上,胡经之所有重要的研究成果也都是在深圳完成的,包括《文艺美学》。在这南粤海滨,胡经之的学术与人生更加精彩了。

一、初闯深圳探新路

20世纪80年代初,中国开始改革开放,关闭已久的国门终于透出了一些光亮。沿海地区得风气之先。1980年,深圳经济特区成立。当时还是一个边陲小镇的深圳高瞻远瞩,很快决定要迅速创建一所新型的大学——深圳大学。国家教育部大力支持,决定由北京大学、清华大学、中国人民大学等名校参与深圳大学的创办。清华大学副校长张维院士临危受命,被任命为深圳大学首任校长。1984年初,张维通过钱穆之子钱逊,约请北京大学的汤一介和胡经之到清华园,商讨深圳大学创办一事。按照他的构想,深圳大学作为一所综合性大学,文、理、工科应该齐全,理工科的筹建主要由清华大学支援，而中文与外语等专业的筹建则请北京大学支援。同时，他也希望在深圳大学能够发展新兴学科。张维校长诚挚邀请胡经之和乐黛云（时在美国）能够参与创建中文系，发展新兴学科，同时邀请汤一介筹建国学研究所。时任北大副校长的季羡林很支持他们到深大，希望在此搭建一个中外学术交流的平台，和北大南北呼应。当时，汤一介和胡经之只知道深圳是一个与香港接界的小镇，从未去过。那里究竟怎样？他们并不了解。两人商量，决定亲自去看一看，然后再说。可是，等到开春，原本约定同去，汤一介因事走不了，乐黛云还在美国。胡经之决定独自去深圳探探究竟。1984 年 5 月，他绕道厦门、汕头、广州，只身一人来到了深圳。这是他第一次踏上这块土地。

胡经之产生离开北京的想法，其中一个原因是因为自己的身体。年轻时，他就不适应北京的生活。秋天是北京最好的季节，可他浑身酸痛。为此，胡经之遍访了京城的名医，都不见效。有一天，他看到一则报道，说是协和医院最近有一个新的发现，有人对北京的秋季产生过敏反应。于是，他就从中央高级党校（当时他正在编《文学概论》）去协和医院，找到了创建变态反应科的专家、苏州同乡叶世泰，请他诊治。最终专家认定他对气候过敏，中医称这种疾病为枯草热。从三年困难时期开始，一直到 80 年代初，胡经之治疗了将近 20 年，丝毫不见好转。因为是同乡，叶世泰就实言相告：在当时的医疗条件下，还没有更好的医治方法，唯一可行的办法就是避开这一季节。他劝胡经之，秋冬之时，可以选择一个温暖湿润的地方居住，躲开季节过敏。他以杨振宁的例子给胡经之解释。杨振宁在美国也得了气候过敏症，治不好，可是，每当那个季节，他就离开美国，来中国居住，躲过那个季节再回去。周海婴也告诉胡经之，宋庆龄也不适应北京气候，所以常住上海。海婴劝他，到南方找个学校去讲学，躲开北京秋季。北京最美的季节是秋天，钟爱大自然的胡经之最喜爱北京的秋天。以前，每到深秋，他都会到京城各地走走,观赏大自然多姿多彩的颜色,倾听大自然美妙的声音,从中领略美的趣味。可是,从三年困难时期起,胡经之再也不能惬意地享受这样一个美好的季节,着实令他伤感。

随着北京的气候日趋恶化,胡经之遭受枯草热的困扰也日益加深。同住在燕东园的著名历史学家邵循正,是福州人,当时也就 60 多岁,胡经之发现他步履蹒跚,走着走着,常停下来,不断喘着粗气。一问之下,原来,他也是季节过敏,已经发展为哮喘。后来,邵循正就是因为哮喘发作而停止了呼吸,年龄还不到 70 岁。北京的气候极大地伤害了胡经之的身体。中国人都有落叶归根的想法,胡经之也不例外,他首先想到的是他的家乡。连续两个秋季,胡经之利用参加学术会议的时机,去了苏州、南京、扬州、杭州等地,在那里短期讲学,小住一阵,可是,病症并没有丝毫减轻。家乡的秋季依然解除不了他的病痛。胡经之不由得慨叹,连养育他将近 20 年的故乡也呵护不了他的身体,真是有家难归啊!

1983 年秋天,胡经之先带王一川、陈伟、丁涛去黄山考察,然后,到厦门参加美学会议。当时,他正在发病,鼻塞头疼,浑身酸懒。当飞机降落在厦门机场,他好像突然进入了一个清新的世界,骤然感到浑身轻松起来,精神也顿时爽快了许多。这时,他的头脑中忽然有一个念头闪现出来:可能他要寻求的生活归宿就是海边。厦门之行给胡经之带来了希望,他决定多到一些沿海城市走一走,看一看,尝试着找一个既适宜自己身体又能从事学术研究的地方。因此,当张维校长邀请他参与筹办深圳大学中文系时,他便产生了浓厚的兴趣。他要去大海边的深圳实地考察一番,看看那里是不是他要找的地方。

在到深圳之前,胡经之应负责筹建汕头大学的罗列教授之邀,先到汕头。罗列曾经担任过北京大学中文系副主任,后任中国人民大学新闻系主任，受李嘉诚之命，正在筹建汕头大学，他希望胡经之能到汕头大学来一起共事。到汕头的那一天，恰好是“五一”，罗列亲自到机场迎接。胡经之在罗列的家里住了几天，他发现，这里的环境优美，空气清新，花草宜人，对教授也特别优待，一家一栋小楼，清净舒适。但他最后坦诚告诉罗列，这里有三不：语言不通，交通不便，信息不灵。因此，很难做得了学问。当时胡经之刚过五十，他不甘心后半辈子碌碌无为，还是要做点学问。

告别汕头，胡经之绕道广州，来到深圳，直奔深圳大学筹建处。筹建处在东门，旧称“深圳墟”，是当时深圳的城市中心。它原本是宝安县政府所在地，现在成了深圳大学的临时校园。校园十分简陋，一个狭小的院子，有几排平房，一栋二层小楼，但人来人往，熙熙攘攘，很热闹。胡经之带着张维校长的信，在那栋二层楼里，见到了他要找的人——罗征启。罗征启原是清华大学党委副书记，被任命为深圳大学党委书记、常务副校长，在这里坐镇指挥新校园的建设。他向胡经之热情介绍了后海湾深圳大学新校园的建设情况，希望他早些来深圳，投入工作。从罗征启的话语中，胡经之发现，他对这里的发展充满信心。

见过罗征启之后，胡经之想看看深圳的市容，于是，就到东门转了一圈。走完解放路再走人民路，不到半天的工夫就走完了全城。深圳给他的印象是：面积与北京海淀镇大小差不多，满目荒凉，到处是山丘、海滩。然而，从一个又一个建设工地可以想象得出这里未来的情景。当时，慕名前来考察的知名人士不在少数，学术界、文艺界的都有。在临时搭建的食堂吃饭的时候，胡经之就遇到了也是前来考察的美学同行蒋孔阳、李泽厚、刘纲纪等人。熟人在一起，自然就谈论起深圳的未来。同行们都看好深圳的前景，一致鼓励胡经之来深圳创业。特别是蒋孔阳，在谈及香港的治学优势时，他说，香港的中文大学、香港大学，图书资料非常丰富，查阅起来非常方便，很多大陆无法找到的美学资料在那里都能找到。蒋孔阳提到的学术信息灵通，对胡经之很有吸引力。这里和汕头相比，交通方便，语言相近（因深圳以移民为主，多讲普通话），更重要的是信息灵通。后来，胡经之的经历证实了这里的优越性。深圳市政府发给他一张自由出入香港的通行证，随时可去香港参加会议、查阅资料，使他得以充分利用香港的信息优势。

第一次深圳之行，胡经之有了主见。回到北京之后，他立刻找到汤一介，把自己在深圳的所见所感告诉他：这是一块正待开发的处女地，是可以推进中外文化国际交流的好地方。经过商量，他们最终决定，胡经之、汤一介、乐黛云三人同去深圳大学兼职，由胡经之和乐黛云负责筹建深圳大学中文系。他们一致同意张维校长所说的办法，一年之中，胡经之和乐黛云二人在此轮流坐庄，半年在深大工作，半年在北大工作。然后，胡经之与汤一介一起到清华园张维校长的家里，把他们商量的结果告诉他，并说他们准备在深圳尝试工作三年。张维校长非常高兴。

二、主创深大中文系

1984 年夏天，张维校长“招兵买马”的工作基本完成。深圳大学的图书馆馆长、建筑与电子等系的系主任请清华大学的几位著名教授担任，经济、法律、管理等系的系主任由中国人民大学的教授担任，外文系主任则请北京大学副教务长李赋宁担任，汤一介负责筹建国学研究所，乐黛云和胡经之则负责筹建中文系。他们还和张维校长商定，从北大招聘一批年轻教师和研究生到深圳大学任教，因此，郁龙余、章必功、刘小枫、景海峰等近十位北大人先后来到了深圳大学从事教学。与此同时，各系的系主任又从其他重点大学招聘了不少优秀的教师，他们都满怀理想，愿意到深圳拼搏一番。深圳

>> 长居鹏城寄此身(2005 年)

大学从1983年初开始筹办,5月国务院批准建校,第二年就基本建成了一个功能齐全的新校园,这被称为“深圳速度”。在中国高校的办学史上,这样的办学速度确实罕见。

1984年9月,在深圳大学新学年开学之际,张维校长带领北京大学的胡经之、汤一介、乐黛云、李赋宁以及清华大学、中国人民大学的几位著名教授、系主任,一行十人,从北京乘飞机先飞广州,然后再转乘汽车,浩浩荡荡地开到了深圳。

那时,深圳大学已经迁到了现在的后海湾新址,面积很大,有1.5平方公里。学校坐落在海边,抬眼就能望见蔚蓝色的大海。校园的建设已经初具规模,教学楼、图书馆、行政楼、学生宿舍、教工住宅、餐厅等已经竣工,基本能够满足教学的需求。整个校园的设计是由建筑设计专业出身的罗征启副校长亲自主持的。尽管校园里还有大片的荒地,整体建设的完成还要等待时日,但是,从总体的轮廓中可以看出,这是一个非常美丽的校园,设计规划别出心裁,具有浓郁的文化色彩和鲜明的时代特征。校园的道路曲径通幽,两旁栽种着高大的树木,给人以悠远深邃之感。校园里有山有水。杜鹃山树木丛生,郁郁葱葱;文山湖碧波荡漾,金鳞游泳。棕榈树、榕树、荔枝树、龙眼树、芒果树以及各种南国的植物随处可见,整个校园呈现出一派青春的气息。

不久,深圳大学举行了隆重的开学典礼,这个典礼正式宣告深圳大学中文系成立。整个典礼简朴而隆重。深圳市委书记兼市长梁湘亲自参加了开学典礼,前来参加典礼的还有不少各界名流,其中有香港著名学者饶宗颐、罗亢烈,澳门学者程祥徽。也就是在这个典礼上,胡经之结识了饶宗颐、罗亢烈等,开始了他和香港学界的学术交往。

从此以后,胡经之游走于北大与深大之间。每当春夏,汤一介、乐黛云夫妇来深大，胡经之则在北大工作，继续带研究生，从事教学、研究。秋冬季节，胡经之来深大主持中文系的工作，上课之余，修改他从北大带来的书稿。从1984年开始，连续三个秋冬，胡经之都工作、生活在深圳。他的身体反映良好，折磨他二十几年的鼻塞头疼、浑身酸懒等枯草热的症状无声无息地消失了，他的青春活力又回来了。1987年初，张维校长在清华园寓所和胡经之作了一次长谈，劝他留在深圳大学继续为发展人文学科做贡献。

>> 香港初访饶宗颐（1986年）

1987年春天，胡经之当机立断，向北大正式提交了调离的申请。当时，北大中文系主任严家炎是他研究生同窗好友，竭力劝他不要离开北大，希望他继续在北大发展文艺美学学科，并且，要他做好准备，在下半年由他做带头人向国务院学位委员会申报文艺学博士点。因为是同窗好友，胡经之坦率而诚恳地希望老同学帮忙，让北大放行。最后，还是靠严家炎帮忙，北大才放他南行。

胡经之正式调入深圳大学之后，汤一介、乐黛云夫妇已不再兼职深大，回到了北京大学。这样，胡经之成为第一位落户深圳的北大教授。胡经之的行为，开风气之先，成为当时学界热议的话题。

胡经之全面主持深大中文系的工作之后，一心想把中文系办出特区特

>> 师生聚会后海湾（1985年），自左至右：王岳川、谢欣、胡经之、荣伟、陈伟、柳杰

色，绝不类同内地高校千篇一律的中文系。因此，他确立了“融通中西，应用为主”的办学理念。在他看来，中文专业当然要重视知识的传授，中外文化博大精深，优秀的文化遗产是必须要继承的，然而，如果传授的都是些僵死的知识，有可能培养出书呆子，这不是深大中文系培养学生的目的。因此，他尤其重视对学生解决问题能力的培养，在课程体系中增加不少实践类课程，让学生在具体的实践中锻炼自己。胡经之抓教学质量，从学生的知识储备和解决问题的能力两方面来衡量教学质量。在他看来，大学教师固然以教书为本，然而，一个合格的大学教师不能成为一名单纯的教书匠，还应成为一名优秀的学者。只有这样，才能教给学生真正的知识，培养学生的创造能力。他鼓励教师深入开展科学研究，尤其鼓励他们研究深圳问题，为深圳的建设与发展服务。当时深圳已意识到要向国际化方向发展，极力倡导培养国际文化交流所需的专门人才，希望深大培养出来的人才能够快速适应深圳的社会发展。胡经之留在深圳后的第一个行动，就是把中文系扩建为国际文化系，然后又新建了特区文化研究所。1988 年，胡经之将中文系改为国际文化系，下设中英文秘书、比较文化、旅游文化、对外汉语等专业方向。他认为，这几个方向对深圳目前的发展有实际的用处。国际文化系的建立，在国内是一个创举。这种创举不仅是形式上的，而且是实质的，它将传统的中文学科拓宽，适应了深圳社会发展和人才市场的实际需要。这一做法在当时实属首创，北大只有国际政治系，尚无国际文化系，为此，《光明日报》头版曾经对深圳大学设立国际文化系的改革进行了专门报道。

三、合力开创博士点

20 世纪 90 年代初，中国高校的学科建设开始步入正轨。许多高校都已经明确认识到学科建设对自身发展的意义，想方设法引进、培养学科骨干，开展学术研究，申报硕士点，争取博士点。那时，博士点和博士生导师都要由国务院学位委员会审批，全国高校只有少数几个有文艺学博士点，甚至连北京大学、中国人民大学、南京大学这样的名校都还未能设立。胡经之离开北大的时候，中文系曾经挽留他，希望他带头申报下一批文艺学博士点，为北大的学科建设做出一些贡献，但是他最终还是选择离开了北大。当时的深圳大学，建校不久，连申请硕士点的资格都不够，更不要说博士点了。那时博士点的设置全国一盘棋，国务院学位办对各专业的专家情况非常了解，博士点的设立往往对应于某个一流专家。国务院学位办的领导曾经来深圳找过胡经之，谈到文艺学博士点的设立问题。学位办的主管人文学科的副主任对胡经之说："这次，北大应该设立文艺学博士点了，可你却离开了北大。国内有资格担任文艺学博士生导师的学者并不多，而深圳大学是新校，不可能在这里设立博士点。"他征询胡经之的意见，愿意不愿意和其他大学合作申报，为培养高端的文艺学研究人才做出贡献。

1993年初，全国新一轮硕士、博士授权单位申请工作启动。时任暨南大学副校长、文艺学学科带头人的饶芃子找到胡经之，希望他能够加入暨南大学的文艺学学科，充实文艺学学科的师资力量，作为学科带头人之一，共同参与文艺学博士点的申报。胡经之觉得这是一件好事。那时，整个华南地区的高校，包括中山大学在内，还没有一所有文艺学博士点。如果暨南大学申请到文艺学博士点，对整个华南乃至全国高端文艺学研究人才的培养是有好处的。许多喜爱文艺学的年轻学子就有了更大的选择余地。那时，除了暨南大学外，还有外省的其他高校向胡经之伸出橄榄枝，热情邀请他加入他们的队伍。而胡经之思路非常清晰：参与暨南大学的文艺学博士点申报更有意义，因为，暨南大学、深圳大学都在广东，暨南大学能够申请到博士点

>> 十年培养博士生(2000 年)

是广东的荣耀,他愿意为此做出自己的贡献。再回过头来说,广州、深圳距离比较近,处理教学的事情比较方便。于是,胡经之接受了暨南大学的邀请,积极准备参与暨南大学的博士点申报。经与深圳大学协商,学校同意胡经之担任暨南大学兼职教授,参与暨南大学文艺学博士点的建设,以加强广东高校之间的相互协作。

当时,全国文艺学博士点主要分布在北京、上海,不仅很不均衡,而且数量很少,只有北京师范大学、中国社会科学院研究生院、复旦大学、华东师范大学、山东大学等几家。暨南大学申报文艺学博士点,可谓对手强劲,竞争激烈。经过一番艰苦的努力,1993 年底,暨南大学文艺学博士点的申请获得国务院学位办的批准,胡经之和饶芃子被国务院学位办批准为博士生导师。至此,深圳大学有了第一位博士生导师。

此后将近10年的时间,胡经之在暨南大学指导文艺学专业文艺美学方向的博士研究生。胡经之的参与,大大推动了暨南大学的文艺学学科建设,使它很快成为全国瞩目的学科。因为胡经之、饶芃子、蒋述卓等几位文艺学、美学名家的存在,全国各地报考暨南大学文艺学博士点的考生很多,生员素质也很高。为了便于工作,胡经之在深圳大学中文系设立了暨南大学文艺学博士点分教点,开展博士生的教学工作。从1994年他的第一个博士研究生王列生入学起,到2003年他的最后一批博士生黄汉华、张家梅、田春毕业,胡经之在暨南大学共培养了11名博士研究生,其中包括香港的钱永利、韩国的李正寿。这些学生所涉及的研究范围非常广泛,除了文艺美学基本问题之外,有的从事古典文艺美学的研究,有的从事书法、绘画美学的研究,有的从事设计美学的研究,还有的从事音乐美学的研究,不少人已经成为各自研究领域的知名学者、骨干力量。其中,王列生是中共中央党校教授、中国艺术研究院艺术学博士生导师、公共文化政策研究专家,钱永利是香港知名的音乐美学研究专家,邵宏是广州美术学院教授和知名的美术理论家、翻译家,李健是深圳大学教授、古典文艺美学研究专家,黄汉华是华南师范大学教授、音乐美学研究专家。

2003年之后,中山大学也有了文艺学博士点,胡经之又被中山大学聘为文艺学专业的博士生导师,继续招收博士研究生。对暨南大学和中山大学这两所学校的文艺学博士点,胡经之都付出了自己的心血。在国内消费主义思潮风起之时,他培养博士生的信念始终不变,那就是:努力把自己的博士生培养成为学有所长的学者。他所培养的博士必须是博雅之士:一要博,二要雅,三要专。

华南第一个文艺学博士点的创立,对华南乃至全国的文艺学学科产生了很大的影响,它打破了全国文艺学学科布局单一的格局,使岭南也有了培养文艺学高端研究人才的基地。胡经之为广东的文化教育事业做出了突出的贡献。

四、特区文化拓荒者

随着中国改革开放的深入，深圳快速发展的程度远远超出了人们的预料。十天一小变，一月一大变，确实成为深圳的写照。同时，深圳的国际化特征也逐渐显现，作为中国改革开放的窗口，吸引了不少国内、国际人士前来考察。然而，深圳原本是一个小渔村，缺少历史与文化的积淀。如何打造深圳的形象？这成为当时深圳市的决策层和知识层思考的主要问题。

胡经之也在思考这个问题，他较早觉悟到，深圳必须发展自己的文化。他到特区安身之后，一方面开展国际交流，另一方面把目光转向特区的文化发展，身体力行，投身到深圳的文化建设，做了大量卓有成效的工作。

1984 年夏，乐黛云从美国回国后来到深圳大学，她和胡经之商定，深圳大学中文系一定要立足开放。他们决定以开拓比较文学为契机，促进深圳大学乃至深圳的国际交往。1985 年 10 月 29 日，在乐黛云、胡经之的积极努力下，由北京大学和深圳大学共同主办的中国比较文学学会成立大会在深圳大学的粤海门和蛇口的“海上世界”举行，参加会议的不仅有许多国内知名学者，还有许多国际知名学者。季羡林专程从北京大学前来参加会议。莅临的著名学者还有杨周翰、叶维廉、李达三、袁鹤翔等，国际比较文学学会会长道维·佛克马（Dowue Fokkema），英、法、德、日等国的比较文学学会会长等，都应邀前来参加会议。一下子来了这么多国际著名学者，在深圳是第一次。这也是改革开放之后国内、国际比较文学学者的第一次聚会，是一次大型的国际性学术研讨会，在中国比较文学研究的历史上具有里程碑的意

>> 北大辞别季羡林(1984 年)

义。大会一致推选季羡林为名誉会长,杨周翰为会长。在这次会议上,佛克马发表了题为《祝贺与希望》的讲话,他热情赞赏这次大会,对中国的比较文学事业充满期望。他说"国际比较文学学会需要中国同行的支持,以维持并提高文学研究的国际标准";有了中国学者的支持,"就能够集中世界各大洲的学者们的才智进行仔细研究,找出人类行为有价值的模式"①。学者们相互交流,相互探讨,气氛友好而热烈,盛况空前,成为学界佳话。

与此同时,胡经之也积极走出去,主动与海外学术界交往。1986 年春天,他应香港中文大学之邀,赴香港中文大学进行学术访问。在香港,胡经

①佛克马:《祝贺和希望——在中国比较文学学会成立大会上的讲话》,《中国比较文学年鉴》,北京大学出版社 1987 年版,第 41 页。

之感受着这个世界大都市的风采，亲眼见证了香港的开放与繁华。他住在钱穆所创建的新亚书院的会友楼，楼建在山顶，远眺通向太平洋的吐露港，景色非常优美。胡经之在那里从事一个月的学术研究，每天早上，从山顶步行来到山腰，到图书馆查阅、搜集文学理论和美学资料，尤其是西方20世纪文学理论和美学的第一手资料。期间，香港大学比较文学系黄德伟数次驱车，接胡经之去香港大学图书馆查阅、复印资料。当时，香港就只有这两所大学，另有几所学院，香港科技大学正在筹建中。可是，就在这仅有的两所大学的图书馆，胡经之却搜集到很多有用的资料。几年前蒋孔阳在深圳对他说的话，得到了证实。与此同时，胡经之还拜会了香港的许多知名学者。在袁鹤翔的引领下，他拜访了饶宗颐、金耀基等老一辈学者，结识了周英雄、王建元、黄维樑等同辈学者。在与这些学者的交往中，胡经之深深感到，处在一个国际化都市中的学者视野很广阔，参与国际文化交流非常必要。这更加增强了他在深圳大学推行“融通中西，应用为主”的办学理念的信心。这一次香港之行，强化了深圳文化界与香港文化界的联系。后来，胡经之或以深圳大学教授的名义，或以深圳作家协会主席的名义，多次造访香港，交往的领域由学术界扩展到文学艺术界。由此，胡经之开始关注海外华文文学，开始思考海外华文文学的一些问题，文化美学的构想就是这一时期产生的。在那个开放水平并不均衡的时代，深圳无疑成为内地与香港开展文化交流的一个重要平台。

乘着中国比较文学学会成立大会所开启的国际文化交流的东风，1986年冬，深圳大学又主办了港澳台暨海外华文文学国际研讨会。国内、港澳台暨海外的许多著名学者、作家如秦牧、徐中玉、陈若曦、刘以鬯、曾敏之、陈映真、杜国清等都来参加会议。胡经之主持了这次会议。由于这次会议有许多港、澳、台的学者以及旅美、英、法、荷、日等华人作家、学者参加，深圳市领导非常重视，市长梁湘、副市长邹尔康亲临会议。使胡经之难以忘怀的是，这次学术会议完全依照国际惯例，会场布置简朴，不设主席台，只有发言者站在台上。市长、副市长、校长作为一般的听众都坐在台下。这次会议，更加密切了深圳及深圳大学与港澳台暨海外华文学界的联系，提高了深圳及深圳大学的海外知名度和美誉度。

20 世纪 90 年代以后，胡经之的国际文化交流拓展到欧美。1991 年，他在深圳大学接待了美国著名美学家布洛克（Gene Blocker）夫妇。布洛克是一位热心国际文化交流尤其是中美文化交流的学者，为了向世界介绍中国美学研究的现状与水平，他和复旦大学的朱立元共同编选了《中国当代美学》一书，收录了中国当代著名美学家的代表性论文。为此，布洛克还专门访问了多位中国美学家，其中包括胡经之。胡经之的《论艺术形象——兼论艺术的审美本质》一文被收入该书，译介到欧美。1993 年夏天，胡经之访问

>> 中国比较文学学会首届年会（1985 年，深圳），前左为季羡林，后中为杨周翰

了美国斯坦福大学、圣荷西大学等高校。次年，又到德国、比利时、荷兰、法国等国进行学术文化考察。欧美之行，加深了他对欧美文化的了解，使他对深圳大学的发展以及深圳市的文化发展有了更为明晰的想法。

1995 年，中华全国美学学会在深圳大学举办国际美学美育会议，这是在国内第一次举办国际美学会议。国内外众多美学家如国际美学学会会长、瑞典龙德大学哲学系主任格兰·荷米伦(Golan Hermeren)、汝信、刘纲纪、滕守尧、赫·曼纽什(H. Mainush)等都云集深圳，相互交流美学研究的心得，介绍不同国家、民族的美学研究情况，讨论大家一致关心的美学问题。胡经之代表深圳大学在开幕式上致欢迎辞。通过这次会议，中国美学界与国际美学界的学术交往开始变得频繁，对话的前景也变得更加广阔。

>> 接访美国美学家布洛克(1991 年)

与此同时，胡经之也积极参与深圳市的文化建设。他和徐葆煜等发起成立了深圳市美学学会，被推为会长，请王朝闻为名誉会长。此后他被推任为深圳市文联副主席、深圳市作家协会主席、深圳市文艺评论家协会主席；在深圳大学，发起成立了特区文化研究所，亲自担任所长。他意识到，要发展特区文化，必须大力培养文化建设的得力人才。为提高深圳市干部队伍的文化素养，他依托深圳大学中文（国际文化）系专门举办了各种层次的培训班和研究生班，为深圳市培训、培养了大批人才。胡经之多次受邀参加市政府及相关部门组织的深圳文化发展研讨会，为深圳文化的发展建言献策。在一次市文化局组织的会上，胡经之就高度肯定了深圳开建图书馆、博物馆、大剧院、体育馆等文化设施的举措。他建议，深圳的文化发展一开始就应该高起点，并且，要遵循美的规律，提倡、弘扬真、善、美，追求真、善、美。至今，深圳已成为一个令人向往的城市，不仅文化设施先进，而且特别有爱心。

胡经之任会长的深圳市美学学会，为深圳市的文化发展做了大量的工作。学会在成立之初就开始举办民间美术、艺术学等方面的学术讲座，举办了各种绘画和书法艺术展览。其中，影响最大的一次是，在副会长徐葆煜的积极张罗下，邀请到了上海、浙江、江苏等地的许多著名画家如亚明、吴青霞、陈大羽等以及深圳画家如董小明、王子武、周凯等共近百人，乘游轮从武汉到重庆来回作了一次写生书画游，画家们画下了未曾建闸前的三峡美景。在当代书画史上，这应该是一个壮举。

在深圳文化艺术发展的道路上，胡经之身体力行，留下一系列非常鲜明的足迹。2000 年，胡经之主编了总结深圳文艺发展的《深圳文艺二十年》（花城出版社）一书，为此书写了长篇序言《深圳艺术之路》，试图从理论上阐释深圳文艺发展的路径，探讨一些规律。2007 年，胡经之为深圳市文联组

>> 莲花山前展未来（2000 年）

织、编辑了一套“深圳文艺理论批评丛书”(共10本),并为丛书写了一篇总序《文艺评论求创新》,回顾了深圳文艺评论发展的历程,提出了文艺评论应如何创新的问题。此外,胡经之来深圳之后,写了不少散文、随笔、短评,其中有许多是针对深圳的文化艺术的,还有许多是评论深圳作家、艺术家的。在特区成立21周年之际,他将这些文字结集为《胡经之文丛》,由作家出版社出版(2001年)。从这本书中可以看到,他与深圳文化艺术界的接触非常广泛。深圳的画家王子武、周凯、陈士修等,作家彭名燕、黎珍宇、张黎明等,都成为胡经之的评论对象。胡经之想从他们身上探索深圳文学艺术发展的特点,进而总结出有规律性的东西,他对深圳的年轻一代寄寓着殷切的期望。

20世纪80年代初从北大毕业来深圳大学创业的曾任深圳大学校长章必功在一篇回忆与胡经之交往的文章中曾经这样诙谐地写道:“我们开玩笑说,胡老师是一手抓传统中文革新,要将‘之乎者也’和‘ABCD’相对接、相交融,一手抓特区文化建设,要将‘沙漠’变‘绿洲’。胡先生说,别人说深圳是‘文化沙漠’,咱们来深圳定居的就要争口气,要努力把它建成咱们新的精神家园。”[①]这虽然是笑谈,却表现了胡经之的真实心态。胡经之是这样想的,也是这样做的。他从内心热爱深圳,关心深圳,希望深圳的政治、经济、文化以及环境保护等各方面事业,都能进入良性循环。

五、流水人生诗意浓

胡经之喜欢艺术,也喜欢水。到深圳之后,他就被这里的自然环境深深

①章必功:《过从二十年》,深圳大学文学院编:《美的追寻——胡经之学术生涯》,北京大学出版社2003年版,第216页。

吸引，对东面的汪洋大海和海滨风光情有独钟。他没有想到，在祖国的大地上，还保存着这样一块没有遭受人为破坏的好地方。他初闯深圳时，来去匆匆，只是注意这里的人文环境，关心这里是否有利于事业的发展，等到与张维校长第二次来深圳时，却意外地领略到岭南风光。

1984 年秋的一天早晨，胡经之与张维校长一行乘飞机从北京起飞，中午到达广州机场，没在广州停留，就乘坐一辆崭新的空调中巴直奔东南方向。当时，广州到深圳还没有高速公路，中巴在坎坷不平的路上颠簸。因经过珠江、东江两条河流时汽车要上轮渡，胡经之一行就下车，在轮渡上呼吸新鲜空气，浏览水上风光。胡经之发觉，这里头顶是蓝天白云，脚下是青山绿水，除了鱼塘与他的故乡江南相似之外，绿色风光却大不一样。荔枝林、榕树林、香蕉田、甘蔗田，一片一片，界限分明。傍晚时分，车开过了南头古城，向南一拐弯，景色骤变。胡经之眼前一亮，原来是一片碧蓝的海水。此时，夕阳西下，倒映在水面上，将海水染成了一片金黄色。原来，深圳大学就建在这片香港背面的后海湾畔。

从京城最著名的高等学府，来到南粤最年轻的大学，胡经之一下子就爱上了这后海湾畔的校园。后海湾并不是汪洋大海。每当海潮落退，这里就是湿地；当海潮上涨时，湿地就成为一片汪洋。胡经之在这后海湾畔的海涛楼住了八年，每天面对海涛天风，在后海湾畔的小路上散步。他喜欢听涨潮的海水声，喜欢听风吹树叶声。在海湾的湿地里，生长着大片红树林，外形有点像江南的冬青树，只是它长在海水的湿地中，更富生命活力。1985 年秋天，胡经之从珠海把王朝闻、解驭珍夫妇接来深大，把他们安排在校内刚刚落成的粤海门客舍。那里离他家很近。胡经之每天都接他们到海边小路漫步。有一次，王朝闻好奇，特意走向湿地，想就近观察一下红树林。不料，他走得远了一点，一脚就陷进了湿地里。胡经之赶快跑过去，一手拉住湿地里

>> 与王朝闻合影于深圳大学粤海门(1986 年)

的王朝闻,一手拉住岸上的解驭珍,靠两个人的力量,才把王朝闻解救出来。这一险情,给他们留下了非常深刻的印象。王朝闻回北京后,特地给胡经之写了一封信,谈论对深圳的美好印象,特别谈及看红树林的险情,发挥了他一直坚持的美学观点:在危难中体验到的美好,给人留下的印象会更为持久和深刻。

面对海滨美景,胡经之常常会产生许多美好的联想和回忆。比如,在月夜,漫步校园的文山湖,他就会想起北大的未名湖;走在后海湾,他就会联想到他曾经生活过近两年的鄱阳湖鲤鱼洲。深大校园只是深圳风光的一角。当他有机会去深圳东部,到当时还少有人知的大、小梅沙时,他的感觉好极了。可以说,这时胡经之才真正见识到深圳的大海。再后来,他有更多的机缘深入到深圳海景的精华之处,受到的震撼更为强烈。原来,深圳的大海是那么美!

深圳要开发旅游资源,胡经之受邀到东部海岸作深入考察,从美学的角度给予评估。后来,深圳又特地从北京大学请来专门从事景观美学研究的专家陈传康,再一次深入东部海岸进行了更为精细的考察。相关部门在听取他们建议的基础上,制订出开发海岸景观的规划,作为深圳市政府决策的参考。胡经之和陈传康都对开发东部海岸景观充满信心。

对东部海岸的多次深入考察,使胡经之切身体验到海滨风光之美,他深深爱上了它。正因为爱之深,才会关注得多。一有机会,他就会向市领导层中的文友坦率进言,千万要珍惜这块乐土,不要乱开发。深圳的自然环境是那样好,如果因为眼前的利益随意开发,破坏了自然生态,就会成为历史罪人。他常以深圳河为例,说明深圳科学开发的重要性。深圳河是深圳和香港的界河,见证了历史巨变,百年沧桑,它本身就具有巨大的历史意义和文化价值。同时,深圳河又是贯通深圳东西部最宽阔的河道。如果在深圳刚刚发展时就合理改造它,对它加以保护,将它东拓至小梅沙,西拓至后海湾,那么,深圳的东西部海洋就贯通起来了,在深圳河上就可以开游艇,深圳河也会因此成为人人向往的游览胜地,带动深圳的旅游事业。然而,非常可惜,由于只看到眼前的利益,深圳河区域很早就被辟为保税仓库,只许物流,不许人流。这实际是重走上海20世纪30年代的老路,把美丽清澈的苏州河畔变成外国洋行的仓库,乌烟瘴气,臭气熏天。直到20世纪90年代,上海才终于觉悟,大手笔整治苏州河,改变它的功能,使之重新回归它的应有之美。可是,深圳河至今仍在哭泣。大片的红树林消失了,河水污浊、腐臭,弥漫在深圳的上空。胡经之心里有一种说不出的滋味。

无独有偶,深圳开发建设的败笔不仅仅有深圳河,还有深圳整体的城市建设。深圳是丘陵之地，曾有数百个小山头，有着非常独特的地势。但在十多年间，绝大多数小山头被削平，建起了高楼大厦，而石土则被移去填海。移山填海的结果又是高楼林立。深圳福田有一个水围村，就在深圳河边。那原本是一个极富诗意的水中之村，如果稍加改造，就可以成为旅游胜地。如今，水围村变成了和所有街道一样的普通街道，失去了它的独特性。对水围村的改造，胡经之耿耿于怀，他为水围村失去这一独特的环境优势深深惋惜。

然而，胡经之非常清醒，历史发展往往不以某个普通人的意志为转移。有时，普通人的意愿可能代表真理，但现实的冷酷很难遵从一个普通人的意愿。胡经之具有仗义执言的个性，只要他认为事情做得不妥，一定会说出

>> 故友共访俄罗斯（2010 年），左为李光羲，中为严家炎

来。中国文人所遵奉的“穷则独善其身,达则兼善天下”的传统,已切实融入到他的血液之中。

2002年,胡经之离开了他住了九年、后来已经变得人声喧闹的深大新村,在深圳南端和香港接界的一个边缘地带的高楼上住了下来。这里原是一块湿地,填海而成,处在深圳河与新洲河向后海湾的交叉口,在高层可以和天相接,对面可以俯视香港的流浮山、后海湾、米埔的红树林。跨越深、港两地的深圳湾大桥就横卧在眼前。在这里,胡经之应该可以安居乐业了。不过,他所乐的“业”渐渐发生了变化。那就是不仅仅停留在书斋,而且越来越亲近自然。夏秋季节,每天清晨不到六点,胡经之就醒了,洗一把脸,就直奔楼前的泳池,跳入池中游上三刻钟,然后再回到家里用早餐。游泳,成为胡经之到深圳之后尤其是搬到益田村之后日常生活中必不可少的活动。对他来说,游泳不只是为了锻炼身体,也成了他特有的自由审美的活动。他时而蛙泳,时而仰泳。特别是在人少的时候,他喜欢纹丝不动地仰卧在水面上,或闭目养神,或凝视天空。这时,是他思维最自由的时候,很多文思就是在这种情形下涌现的。静卧水面,“精骛八极,心游万仞”(陆机《文赋》),他的心可以和古人交流。每当荔枝成熟的季节,仰卧在水面上,他都会想到苏轼。苏轼一生坎坷,多次遭贬,曾经贬官到深圳东北的惠州。在惠州,他曾留有这样的诗句:“日啖荔枝三百颗,不辞长做岭南人。”在胡经之看来,这表现了苏轼的达观心志,苦中也要作乐。但从诗中可以看出,苏轼不是真的想做岭南人,而是有点自我安慰。不过,苏轼喜爱荔枝却是真的。胡经之不研究考证,但对苏轼这首诗,他却用自己的亲身体验证实了“日啖荔枝三百颗”是写实。就在胡经之来深圳的第二年,深大校园的荔枝丰收,学校一下子发给他10斤荔枝。广东本地人说,荔枝要新鲜吃。那时,胡经之没有冰箱,他就从早上陆续吃到晚上,竟然把10斤荔枝全部吃光了。他边吃边数,那10

斤荔枝竟然就是300颗。也因此,他和苏轼的心灵更接近了。胡经之常对北京的朋友说,苏轼到岭南是迫不得已,而他到深圳却是自我选择。他为苏轼惋惜,认为苏轼还不如就在惠州养老。回到内地不久,苏轼就病死在常州,年仅66岁。

胡经之的水上静卧,被泳友称为水上气功。这功夫是他在北大的时候跟一位美国教授学来的。这位美国教授叫温特,活到近百岁。胡经之见到温特时,他已经80岁高龄。温特喜爱中国传统文化,不吃精食,只吃粗粮,甚至还专门种植蒲公英当食品。温特的本领就是水中静卧。他躺在水面上,身体自由舒展,却又纹丝不动;双目时睁时闭,似醒非醒;双足时而平伸,时而蜷曲,伸展自如。尽管游泳池中人声鼎沸,他却不受任何影响,仿佛进入无人之境,令胡经之感佩不已。温特先生20世纪40年代就来到燕京大学教书,院系调整之后,一直留在燕园。胡经之曾经向他请教水上不沉的奥秘,温特教给他基本动作之后告诉他,只要多游多练,就会熟能生巧。

在燕园,胡经之并没有学到温特的功夫,等到看见大海,他才悟得此道,从而亲身体验到水上静卧的妙趣。那是一年盛夏,胡经之取道青岛回苏州探亲,在青岛停留了几天,住在海边的一家旅馆里。那一望无际的碧蓝的大海,令他心旷神怡。这是他平生第一次见到大海。一大早,他就到海里游泳,大海给了他舒展身体的无限自由。这时,他开始琢磨温特的水上静卧功夫。起初,有些紧张,一不小心就沉到水里,经常呛水。第二天,有了些进展,他索性闭起眼睛,舒展全身,任其沉浮。到了第三天,他居然能平心静气,自由伸展,平卧水面了。胡经之感到有说不出来的快乐。想不到,青岛的短短三天时间就成就了他数年的水中梦想。如今,胡经之的水上静卧功夫已堪比当年的温特。每当他在水上静卧时,就仿佛进入了天人合一、物我互化的境界,身心达到了极度的和谐。

>> 深圳聚会全家福(2009 年)

胡经之只要见到水，就忍不住想跳下去游泳，从最北的松花江到海南的三亚，到处都留下了胡经之游泳的身影。他曾经在北戴河的海水中体验过“大雨落幽燕”的境界，也曾经有过差一点命丧大海的教训。那是1984年的夏天，胡经之到厦门大学参加学术会议。住下来之后，他听说海滩离此处不远，便换上泳衣，直奔海边，不管三七二十一就跳进大海，向远处游去，想在水深的地方静卧一会，以解旅途之劳累。在大海中，他感到水势非常顺畅，不知不觉，就到了深水处。等他翻转过身来，已经看不到海滩上的人影，海滩越来越远了。胡经之马上意识到，这是退潮的时候。这时游泳是非常危险的。他立刻奋力向海滩游去，游了大约十分钟，好像还在原处不动。眼看海滩越来越远，胡经之也感到有些疲惫，心中顿生恐惧。如果不能游回海滩，将会被大海吞没。这时，海滩游人都已散去，即使有人，因为远，也很难发现他。胡经之一方面平静自己紧张的心情，尽力保持镇静，一方面环顾四周，希望能够找到可以依赖的东西。突然，他发现了右侧不远处有一个半岛，仔细观察一下，那里水势似乎平缓一些，也不全是逆向，往那里游应该不会有太大的阻力。于是，他劈开逆水，转身向右游去。他时而仰游，时而侧游，沉着冷静，大约半个钟头，终于爬上了那个半岛。当他穿着水淋淋的泳裤绕过长长的小街往宾馆走时，行人都投来惊讶的目光。

这一次遭遇并没有使胡经之对自然产生偏见，反而使他更加真诚地反思自然，反思人生。在他看来，人生犹如水中搏，既不能听天由命，随波逐流，也不能违反自然，逆流盲动，只有保持动态平衡，才能立足世界，求得生存与发展。

深圳给胡经之提供了接触水的便利，他有更多的机会到大海里游泳，几年来，他几乎游遍了深圳的海滩。小梅沙、大梅沙、东山、南澳、西冲、溪冲等地的海滩，都让他赞赏不已。深圳的天气炎热，接触水的时间比较长。从每年的 3 月到 12 月，除非外出不在深圳，胡经之每天都会去游泳，从不间断。现在，胡经之已经养成了冬泳的习惯，到了冬天，他每天仍要下水。

除了游泳之外，胡经之最爱的便是音乐。他把音乐完全融化到自己的生活之中，使音乐也像游泳一样成为他生活的一个重要的组成部分。起先，胡经之接触较多的是民族音乐，进入北大之后，才开始喜欢西洋音乐。有一次，他晚饭后到未名湖畔的小山坡上散步，突然，校园的广播里传来音乐的声音，如行云流水般缓缓而来，深深震撼着他的心灵。这是一首西洋乐曲。

>> 弹琴自娱陶心性（2008 年）

但是，胡经之却听出了与瞎子阿炳音乐一样的情感，那是一种心灵的倾诉。后来胡经之才知道，那是柴可夫斯基的《如歌的行板》，被托尔斯泰赞为“俄罗斯灵魂的哭泣”。此后，胡经之开始大量接触西洋音乐。对于音乐，胡经之不仅会欣赏，而且还能演奏。他小的时候，曾经跟父亲学会了二胡、笛子等几样乐器，后来，在师范学校，又学会了弹钢琴。每当读书的时候，他都会播放一段优美的音乐，在音乐的意境中进入阅读。至今，胡经之仍然保持着读书时听音乐的习惯。除了聆听，胡经之还演奏。他能背下上百首乐曲。每天都要弹钢琴，最爱弹奏的是那些营造天地境界的乐曲，如《春江花月夜》《二泉映月》《阳关三叠》等。每当傍晚时分，从胡经之的家里都会飘来阵阵琴声，或悠扬，或激越。胡经之弹钢琴不为技巧，只为自得其乐。他寻求的是生活的诗意境界。

很多人退休之后便感到无所事事，寂寞难耐，对此，胡经之不能理解。越到晚年，他越感到时间紧迫，因为生活也越来越丰富多彩。他一直在读书、思考，思考文艺美学的问题，思考文化美学和自然美学的问题，思索古典文艺学、美学的现代化问题。这种诗意栖居的生活方式，使胡经之的心胸更加宽阔，心态也更加年轻。

第六章　走向文化美学

20 世纪 80 年代，胡经之的学术研究主要集中在文艺美学上。到了 90 年代，中国的美学热已经消退，胡经之仍然坚持文艺美学的研究。为了提高研究水平，他围绕着文艺美学，不断地向西方文艺理论和中国古典文论拓展。在他看来，文艺美学要发展，既要不断拓展，又要不断深化和提升。胡经之一直在思考着，努力寻求文艺美学发展和深化的途径。进入 90 年代以后，大众文化开始在中国崛起，随之，文化研究勃兴，与此同时，中国的文学艺术也发生了新的变化。胡经之很快就意识到，不仅文学艺术应该提升审美水平，美学也应扩展，应对文化进行研究，中国整个的文化建设都应该按照美的规律来进行。中国绝不能丢弃对文化的美学研究。为此，他一方面呼吁，文艺美学要提升；另一方面又提出，应开拓文化美学。

一、文艺美学需提升

为了提高文艺美学的研究水平，胡经之十分重视现有资源的开发，一手伸向西方，一手伸向中国古典。

在西方文论领域，胡经之最突出的贡献是教材建设。由于意识形态方面的差异，中国与西方国家的关系长期处于冷漠状态，学术文化的交往几乎停顿。长期的封闭，使我们对西方的文学理论尤其是西方现代文学理论了解甚少，更很少介绍。即使有，也将它们当作资产阶级的东西批判对待，批判的多，学习的少。1977 年，高等学校恢复招生后，为了保证基本教学科目的正常教学，迫切需要外国文学理论方面的教材。在这种情形下，胡经之就和全国高校一些较早从事外国文学理论教学与研究的中年老师一起商定，集体编写了一套《西方文艺理论名著教程》教材。这是一部比较全面地介绍和评述西方文学理论发展的教材。为了配合该教材的教学，胡经之又约请老一辈学者、复旦大学著名教授伍蠡甫出山，与他共同主编《西方文艺理论名著选编》。1986 年，这两部配套教材由北京大学出版社同时出版。这两部教材的出版，填补了西方文学理论教学与研究的空白。全国许多高校的中文系、外文系等长期使用。它们在学术界的声誉很高。1992 年，《西方文艺理论名著教程》获得国家教育委员会颁发的全国高校优秀教材二等奖。为了进一步完善这部教材的内容，1990 年和 2003 年，胡经之与王岳川、李衍柱等人一起，特聘钱中文为顾问，吸收了年轻的学术力量，共同对这部教材进

>> 武汉重逢伍蠡甫(1984 年)

行了全面修订,充实了西方当代的内容,分为上下两册,使之更为贴近高等学校西方文学理论教学的实际。

1988 年初,胡经之出版了他与张首映合著的《西方二十世纪文论史》(中国社会科学出版社)。这是受国家教委文科教材办公室的委托编写的一部教材,目的是摈弃庸俗社会学,强化文艺美学,引进西方的研究方法,促进文艺学的改革。该书第一次全面系统地描述了西方 20 世纪(时限断在 60 年代)文学理论的发展状况,讲述了 14 个方面的理论问题。该书出版之后,引起了文艺学界的关注。不少评论家撰文评述,向广大读者介绍这一研究成果。与这部教材配套,胡经之还与张首映共同主编了《西方二十世纪文论选》(四卷本,中国社会科学出版社,1989 年)。在外国文学专家的推荐下,《西方二十世纪文论史》获得了国家新闻出版署颁发的全国首届外国文学优秀著作奖。

胡经之还主持编选了《中国现代美学丛编(1919—1949)》(北京大学出版社,1987 年)、《中国古典美学丛编》(三卷,中华书局,1988 年)、《中国古典文艺学丛编》(三卷,北京大学出版社,2001 年)等文艺学、美学资料。因为这些资料为研究中国文艺学、美学的学者提供了寻求资料的便捷途径,故而成为学界收藏的热门书籍。胡经之编选这些资料,主要目的是为研究生的教学。跟随胡经之攻读硕士、博士学位的研究生如王一川、王岳川、陈伟、丁涛、李健等都参与到这项工作之中。在胡经之看来,让研究生参与这项工作,是学习,更是学术训练。胡经之就是要告诫他的研究生们,从事学术研究应从最基本的材料做起,踏踏实实,只有这样,才能有所成就。从胡经之的著述以及主编的这些研究资料中,我们可以看出,他所涉足的研究领域为古今中外的文学艺术理论、美学理论,非常广泛。这也是文艺美学要涉及的领域,是建构文艺美学的理论基石。

1994 年,胡经之与王岳川共同主编的《文艺学美学方法论》由北京大学出版社出版。这是国家教委"七五"高等学校哲学社会科学博士点科研基金成果。参加这本书撰写的王岳川、王一川、张法、张首映、尹鸿、方珊都是当时文艺美学研究领域的少壮派,他们以自己的学术锐气和学术研究实绩赢得了学术界的青睐。该书集中评价和介绍了 20 世纪最有影响的文艺学、美学研究 13 种重要方法,将学术界最新的研究成果与研究动态推介给世人,其学术价值和理论意义是不可低估的。

>> 与作者李健（右一）全家合影（2000 年）

中国古典文艺学、美学也是胡经之着力拓展的研究领域。早在跟随杨晦攻读副博士研究生时，他就潜心研究过中国古代文艺思想，搜集了大量的第一手资料。后来，由于他把主要精力都投入到文艺美学的研究上，关于中国古典文艺学的专门研究成果不多，但并没有停止对中国古典文艺学的思考。他深切地感到，发展文艺美学，中国古典文艺学、美学是不可缺少的理论资源。1999 年，当他的文艺美学博士研究生李健入学的时候，他就与李健讨论中国古典文艺学的研究问题，希望能够在李健的帮助下完成一部系统的中国古典文艺学方面的著作。

于是，他要求李健先从材料入手，以他原先主编的《中国古典美学丛编》为基础，重新整理、编选一部《中国古典文艺学丛编》。经过两年多的努力，

《中国古典文艺学丛编》完成，接着，就进入了《中国古典文艺学》的写作。在写作的过程中，针对提纲和具体的范畴内容，师生二人反复商讨，终于在2005年完成50多万字的初稿。经过反复修改，2006年光明日报出版社出版了这部著作。《中国古典文艺学》是以范畴为组织构架、以中国古典艺术为研究对象的学术著作。该书精选了中国古典文艺学、美学的核心范畴15个，涉及具体范畴近30个，形成了比较完整的中国古典文学艺术的文本论、创造论、接受论。该书出版之后，受到了学术界的关注，被视为近年来文艺学研究的重要收获，2011年获得深圳市第五届哲学社会科学优秀成果奖中的优秀学术著作一等奖。

文艺美学是胡经之亲自开辟的一块学术阵地，他一直坚守这块阵地，从不动摇。在新世纪即将来临之际，他仍在进行文艺美学的研究，先后发表了《文艺美学何为》《超越古典：文艺美学新方向》等颇有影响的论文。1999年，《文艺研究》创刊20周年。为了纪念这一有意义的日子，《文艺研究》准备出一期纪念特刊，约请胡经之写一篇文章。胡经之写了《艺术：按美的规律创造》一文。这篇文章进一步发挥了他对艺术的新看法：艺术不仅只是表达了作家、艺术家的审美体验，而且还是符号的创造，是意象和形象的两重创造。艺术创造不仅是审美活动，而且是实践活动。这篇文章可视为文艺美学的新探索。同时，胡经之又重新增订了《文艺美学》一书，被北京大学出版社收入为庆祝北大百年校庆而编选的“文艺美学精选丛书”。

作为一个文艺理论家和美学家，胡经之表现了强烈的使命感和责任心。离开了北京这个人人向往的政治、文化中心，来到边缘的深圳，胡经之并没有停止对学术问题的思考。

进入20世纪90年代中后期，文艺美学的研究完全进入了常态，先前的好奇逐渐消失，代之以平淡自然的心境，研究队伍在不断壮大，研究成果也非常丰富。同时,很多学者也在思考着文艺美学研究的转向与突围问题。胡经之也在思考这一问题。他从来没有把文艺美学看作僵死的、一成不变的。在他看来,文艺美学要发展、深化,就要不断地接近现实,在现实中寻求发展与深化的契机。因此,胡经之一直在密切关注着中国和世界文学艺术的发展以及文艺学、美学研究的新动向,苦苦探寻着文艺美学的深化途径。

二、文化美学待开拓

从北京南下深圳之后,胡经之与香港地区、海外的学术交往比较频繁,有条件深入接触香港地区和西方的文化,了解了海外的学术研究现状。他发现,西方和香港地区的学者都非常关心现代文化问题,开展了许多卓有成效的研究工作,在一定程度上完成了他们的学术转向。其中,有对高雅文化

>> 香港会晤刘再复(2001 年)

的研究，而更多的是对通俗文化的研究。随着时代的发展，人们的欣赏趣味在变，通俗文化的需求越来越广泛，逐渐取代了高雅文化，占据了主流的地位。文化研究关注通俗文化并不值得大惊小怪。问题是，当下的通俗文化究竟是一种什么状况？它们有没有审美价值？这就需要思量了。于是，胡经之大量地接触了港台地区的文学艺术，从中获得了一些启发。金庸的武侠小说、琼瑶的言情小说、亦舒的激情小说、梁凤仪的财经小说等，给人们展示了一个新的文学世界；邓丽君、梅艳芳、蔡琴等人的歌唱，给人们带来新的听觉冲击。这些现象，应该说都具有审美价值，但是，却超出了当下文艺美学的研究视域，是传统文艺理论、美学无法解释的。不久，那些在西方涌现出来的现代和后现代的文化现象，经过香港等地区传入了内地，大有流行的趋势。在这种情形下，胡经之明确地感到，我们不能漠视当下文化发展的现实，不能漠视当今世界学术的发展，应该以积极的姿态做出回应。因此，他提出走向文化美学，开始了对文化美学的思考。

文化美学何以可能？这是胡经之首先要解决的问题。这么多年来，他潜心于文艺美学，密切关注文艺学、美学的发展动向。他敏锐地发觉，近几年来，文艺学、艺术学在向两个方向发展：一是对音乐、舞蹈、戏剧、美术、影视等艺术的研究趋于专门化，相应地，对音乐美学、舞蹈美学、戏剧美学、影视美学等研究越来越注重揭示不同的艺术奥秘，发掘各种艺术应该遵循的“自律”；二是对文学的研究越来越趋同于文化的普适性，把文学的研究和文化的研究融合在一起，重心向文化转移。文化的形态是异常复杂的，包罗非常广泛。传统的、民族的、地域的、风俗的、语言的研究内容都属于文化的范畴，其中也包括文学、艺术在内，因此，文化中包含着美的内容是不容置疑的。那么，文学的研究和文化研究的融合怎么就能够成为当下文艺学、美学研究发展的一个新的动向呢？这里所说的文化有特殊的所指，主要是指大众文化，即当下流行的文化，这种文化的复杂性不是一般意义上的文化——如传统的、民族的、地域的、风俗的、语言的研究内容——所能囊括的。在大众文化中，尤其是发源于西方的现代与后现代文化在现实生活中的表现更加复杂，它融合了现代化进程中的许多观念和技术的因素，有许多超越了中西传统的伦理。这些，胡经之在自己的观察与阅读体验中已有了比较深刻的体会。

胡经之一直喜爱艺术，对各种各样的艺术形式都乐于接触。在对现代艺术的接触中，他有了一些新的体验。20 世纪 80 年代，他听到台湾歌星奚秀兰演唱的民歌《阿里山的姑娘》，随即产生了一种审美的惊异。他真的想象不到，歌曲还可以这样演唱！实事求是地说，奚秀兰音质一般，说不上圆润、优美，但是，她的唱法新颖，加之演唱时表情丰富，带有一定的表演性，且气息流畅，质朴自然，充满青春的动感，给人以无比丰富的审美感受，与一般经典的演唱节奏沉闷、拖沓的特征形成了鲜明的对比。后来，他又听到了克莱德曼的古典名曲演奏，更加深了他的这种审美惊异感。克莱德曼演奏的古典名曲，都是经过精心改编的。在改编的过程中赋予这些古典名曲以现代的气息，加快了原曲的节奏，增加了现代元素，适应了现代人的审美需要。因此，他的别具一格的演奏很快得到了人们的认可，在世界范围广受欢迎，为他赢得了“钢琴王子”的美誉。由此看来，无论是传统民间的还是经典的，要想在当下获得审美的认同，不能一成不变，必须加以创造。音乐的审美发生了变化，文学呢？于是，胡经之尝试阅读了港台的一些文学作品，如武侠小说、言情小说、财经小说等。他发现，这些文学作品能很快抓住人们的注意力，有一定的审美价值，但是，属于快餐形式。由于它们注重的是感官刺激，没有厚重的审美意蕴，缺乏长久的审美感染力，日久自然会使人生厌，但在一定的情形下，又满足了人们的审美需求，它们的存在也有一定的价值，

>> 喜获突出贡献奖(2004 年)

因此，有研究的必要。这就说明，文化美学的研究是可行的，它关注的是文化现象中的一些美学问题，选取的是文化研究中美学的角度。

然而，当今社会所涌现、流行的大众文化，其本身又与主流文化、精英文化密不可分，在具体对待的过程中难以界定。比如，有些大众文化表现了主流的意识形态，那么，这种文化到底是大众的还是主流的？恐怕两个因素都有。这些文化，有些具有审美的素质，有些不具有审美的素质，更有甚者，有些文化现象完全是为了迎合人们的享乐和低级趣味，其中充斥着淫秽和庸俗的内容。对这些，胡经之的态度非常鲜明：对那些不具有审美素质的文化现象，研究者应该以研究社会和批判现实的态度来对待。这也是一种学术行为。这种行为的目的，表面上看是给社会发展提供一种参照，给政府决策提供一种依据，好像与审美无关，但是，也不是绝对没有关联。这种审美的关联是隐性的、内在的。胡经之着重强调的是文化的价值取向，他要求文化美学的研究要着重研究文化中的美学现象，这是文化研究的核心。在此基础之上，胡经之展开了他的文化美学的观点。

在胡经之看来，任何文化现象都可能具有美的成分，即便是大众文化也不例外。大众文化和主流文化、高雅文化相比，具有世俗性、娱乐性、流行性（即时性）的特点。“大众文化可以有许多价值、功能，但它的最突出的目的和功能，就是给大众即时的快乐”①。大众文化是从日常生活而来的，它是最贴近日常生活的那种审美文化形态。“它从日常生活的审美中提炼出新的形式，从而又回归日常生活，引发大众体验生活的乐趣，享受生命的欢乐”②。因此，大众文化中包含着美的成分，能够成为文化美学的研究对象。在中国

①胡经之：《焕发新审美精神》，《马克思主义美学研究》（第6辑），广西师范大学出版社2003年版，第110页。

②胡经之：《焕发新审美精神》，《马克思主义美学研究》（第6辑），第110—111页。

当下文化的发展中,有一个非常显著的特点。胡经之通过对当下中国文化发展的考察,准确捕捉到这一特点。当港台和欧美的大众时尚之风吹进了中国内地,一些经受审美精神感召的文人开始把目光转向大众文化实践,逐渐从对港台地区、欧美的大众文化仿制走上了自己的创造之路,乃至20世纪90年代中期,大众文化和通俗艺术已经成为一道亮丽的风景。这些文化现象都感召着胡经之,使他不能不对文化审美现象投来更多的关注。这就更加坚定了胡经之的信心:文化美学是可能的,文艺美学应走向文化美学。

胡经之提倡文化美学研究的第一个实践行为就是主编"文化美学丛书",并为该丛书撰写了序言《走向文化美学》。《走向文化美学》可以看作胡经之文化美学研究的宣言和纲领。在这篇文章中,胡经之这样宣称:"我们急需对现代化过程中涌现出来的错综复杂的具体的文化现象作文化的研究,也需要及早对文化发展作宏观的审视,从整体上关注文化发展的美学方向。""无疑,文化美学首先应该关注当代审美文化。但当代审美文化并不只限于大众文化,高雅文化当亦在其列。文化美学可以通过对高雅文化和通俗文化的研究,探索当代文化如何走上雅俗共赏之路。不只是当代审美文化,就是非审美文化也应列入文化美学的视野。""文化美学也重视具体的文化现象,并从文化研究中吸收养料;但更应重视归纳,从众多的文化现象作出的分析中,从美学高度进行思考,作出理论概括,走向文化美学。"①

三、焕发审美新精神

既然文化美学的研究是为了适应当下社会的发展而做出的学术回应,

---

①胡经之:《走向文化美学》,《胡经之文丛》,作家出版社2001年版,第70页。

那么，文化美学研究的目的是什么？对于这一问题，胡经之回答得非常明确，是为了焕发新审美精神。他说：

> 在走向现代化的进程中，审美现代性也悄然而生。改革开放之初的那股文化启蒙思潮，本身尚充盈着现代审美精神，推动着文学艺术的与时俱进。大众文化、通俗艺术的兴起，推进了审美现代性的新变，成为我国审美文化的新维度，从而改变了审美文化的格局。如今，主流文化、大众文化、高雅文化已三足鼎立，各显神通，三分天下，各领风骚。在审美文化的发展过程中，三者既分立，又互动，相互作用，彼此影响。随着新世纪的到来，国际文化交流的扩大和深入，我们要自觉把握这个契机，在促进文化的互动和沟通中提升，向着先进文化方向发展，唤起和焕发新审美精神。①

所谓审美精神是指一个时代的自由、理想、积极、昂扬的美学气质和精神面貌。任何一个时代都有自己的审美精神，时代在变，审美精神也在不断地改变自己的形式，总是以新的面目出现。改革开放之初，中国社会的审美精神是崇高的、理想的、英雄主义的。后来，大众文化、通俗文艺兴起，对文学艺术的创作形成了强势冲击，无形地也在影响着时代的审美精神。20 世纪 90 年代前后的小说与诗歌创作，明显地受大众文化观念的影响，它们一反典型化和宏大叙事的创作理念，在文学作品中开始表现日常生活、平凡形象，解构崇高、典雅、神圣。应该说，这些创作行为都为审美开辟了一个新的领域，有其存在的合理性。因为，随着社会的转型，人们的心态也逐渐趋于

---

①胡经之：《焕发新审美精神》，《马克思主义美学研究》（第 6 辑），第 106 页。

>> 考察美国好莱坞(1993 年)

平民化,希望过上快乐、舒适的平民化生活,那种英雄主义的慷慨激烈退居次要地位。应该说,这本身是一种积极健康的生活态度和审美态度。然而,到了新生代的文艺创作,这些优良的审美品质却遭到了抛弃,文艺审美走向极端。许多作品关注自我,厌恶社会,描写的对象主要是酒吧、舞厅、夜总会,渲染的内容主要是暴力、色情、吸毒、黑社会等。这些创作行为,仅仅是为了满足感官的刺激,缺乏人文关怀的精神。这就在一定程度上背离了时代的审美精神,完全消解了文学艺术的审美判断,颠倒了价值关系。这是不符合人类审美发展的,体现了一种总体审美精神的缺失。这是对大众文化的负面承载,这种承载不符合审美的发展规律,理应遭到社会的抛弃。

大众文化、通俗艺术具有娱乐的作用,但是,不能仅仅停留在生理感官的娱乐层面,而应提升到精神体验的层面。这是焕发新审美精神的关键。

怎样才能将大众文化、通俗艺术提升到精神体验的层面？这是一个难题。胡经之悉心考察了当下的文学艺术实践。他发现，很多作家、艺术家已经在做这方面的探索，并且取得了一些成绩。他们尝试的方法主要有两种：一是伸手向经典索取，二是伸手向民俗索取。他以歌曲创作为例加以说明：《涛声依旧》借用的是唐诗经典《枫桥夜泊》的审美意象，《霸王别姬》引进的是京剧的曲牌，《中华民谣》则融会了民歌的说唱精华。这些尝试都是有意义的、必要的、成功的。然而，在胡经之看来，大众文化和通俗艺术不应该仅仅停留于此，还应该在提炼生活经验上下功夫。大众文化、通俗艺术应该面向当下，关注大众生活，与大众的日常生活更贴近一些，通过对大众日常生活的领悟、反思、体验，超越日常生活，在新的体验、领悟、反思中焕发出新的审美精神。这就触及到大众文化、通俗艺术发展的根本问题。大众文化、通俗艺术应该回到现实的地面，这也是所有文化、艺术生长的土壤，只有在这个土壤中，大众文化、通俗艺术才能长成参天大树。

既然文化美学的研究对象是整个文化，那么，就不可能是单一的大众文化、通俗文化，还应该包括主流文化、高雅文化。一个时代不可能没有主流文化。所谓主流文化，是指在主流意识形态主导下生成的文化。这种文化承载着国家的公共利益，担负着对国民思想进行引导与教育的使命。应该强调的是，主流文化并不一定是审美文化，其中有审美的，而更多的是非审美的。无论是审美的还是非审美的，都会引起人们的兴趣。这是因为，主流文化传播的信息非常丰富、真实，从主流文化中，人们能够了解国家的政策动向，了解世界各地人民的生活变化，学会应付现实生活的方法，等等。主流文化可以教给人们很多。那些审美的表现主流文化的文学艺术能够满足人们的审美需求，而一些没有审美意味的文本所表现的主流文化则可以满足人们的认知需求。因此，无论是审美的主流文化还是非审美的主流文化，都是人们需要的,都应该纳入文化美学的研究范围。胡经之对主流文化的态度是:它应该比大众文化的审美要求更高,能够对日常生活作审美超越,应该重视发展自己的审美维度,教育人们如何从审美上去体验和评价这个世界,教给公众如何以审美的态度来对待这个世界。胡经之尤其强调主流文艺的审美价值。他认为,主流文艺应该站在时代发展的前列,把握时代脉搏,具有超前意识,对社会现实有真切的体验和深刻的领悟,同时,又能够唤醒自我,进行自我反思。而要提升主流文艺的审美品位,必须超越现实,直面人生,增强文艺作品的批判性,这是一条重要的途径。

高雅文化是文化中的精品,它应该建立在大众文化和主流文化的基础上,是对大众文化的吸收和超越,同时也是对主流文化的吸收和超越,其审美品位和审美价值应该最高。当今社会,虽然这三种文化同时存在,三足鼎立,但是,三者的分量却有所不同,大众文化和主流文化占据主要地位,而高雅文化退居次要地位,这也是文化发展的必然现象。这是因为,整个社会,芸芸众生,不可能人人都具有很高的欣赏水平,都沉迷于高雅文化。高雅文化毕竟是少数人的事情。当今社会是一个商品经济社会,文化的发展也是与人的需求有密切关系的。大众文化、通俗艺术需求的人多,因此相对发达,而高雅文化、高雅艺术需求的人少,因此相对滞后。在现实的情形下,任何文化、艺术都存在着利益关系。高雅文化、高雅艺术因为需求的人少,不能给创造者带来更为丰厚的利益,很多高雅文化的作家、艺术家为了生存,转向大众文化、主流文化,使得高雅文化、高雅艺术的创作队伍严重萎缩,不仅创作的人较少,作品数量较少,而且质量不高。胡经之敏锐地发现高雅文化、高雅艺术创作所存在的问题。他指出,文化精英在进行高雅文化、高雅艺术的创作时,受西方形式主义美学的影响较大,导致创作上出现偏差;很多人只是致力于形式之美的建构,不愿意在体验生活上下功夫,忽视了对人生价值和意义的领悟，导致某些高雅的文学艺术创作失去审美的意蕴，受到时代和人民的冷落。高雅文化、高雅艺术创作所出现的这些问题应该是我们今天的文化美学认真反思的问题。文化美学要发展，要站稳脚跟，必须在大众文化、主流文化、高雅文化中取得平衡，在不同的文化之间进行审美的取舍，吸收各种文化的审美精华，从而完善文化美学。

胡经之分析了大众文化、主流文化、高雅文化所具有的不同的审美特点，归纳出了这些不同的文化现象所表现出来的审美精神。大众文化、通俗艺术发展了一种以感性享乐为特征的审美精神，主流文化发展了面对现实、关注人生的审美精神，而高雅文化则形成了以追求形式为特征的审美精神。这三种不同的文化，各自形成了自己的审美精神。当今社会的审美应该朝着怎样的方向发展？文化美学所呼唤的新审美精神应该具有怎样的品格？这是胡经之思考的又一重要问题。

胡经之说："新的时代需要唤起和焕发新的审美精神。不是要重归当初那种审美的情景，不可能也无必要再兴美学热潮。我们应在汲取、反思这些浪漫审美、感性审美、形式审美、现实审美的审美经验的基础上，继承和发扬中华文化的古典审美精神，按照我们这个新时代的实践需要，着眼未来而又面向现实，实现新的超越。""这种与时俱进的新审美精神，应富有时代气息而又蕴涵东方神韵。"[①]它应具有时代感、人性化和超越性这三个方面的审美品格。

所谓时代感，在胡经之看来，它的内涵应是审美追求的新理性和新感性的融合，既蕴含着理性思考的科学精神，又富有当代的人文精神。现代中国的发展，经受了一系列的波折，以前闭关锁国，等到打开国门，睁眼看世界，与世界的距离已经拉开；中国的初级现代化还没有完成，知识经济的时代却

①胡经之：《焕发新审美精神》，《马克思主义美学研究》（第6辑），第113页。

已经到来,随之是信息时代。人类在现代化进程中所出现的弊端集中呈现在当下的中国社会,这使得我们不得不面对这些复杂的问题,不能不学会处理这些问题。新审美精神创造过程中所体现的时代感就表现在对当下社会的认知和体验中,必须做到科学精神和人文精神的融合。所谓人性化,是关注人的命运,重视人文关怀,提升人类本性。在《走向文化美学》这篇文化美学的宣言中,胡经之就曾经强调,人是文化美学关注的中心。人是万物的尺度,万事万物的美丑是因为人才具有肯定或否定的价值。人懂得按照美的规律去创造,在创造的过程中表现出人的本性、类的特性。历史的曲折发展,使人的本性和类的特性都发生了异化,人的自由自觉的活动受到了限制。前现代时期,是"人的依赖"时代,个体无法独立,只能依赖人才能生存;现代化时期,是"物的依赖"时代,个体虽然从"人的依赖"中独立出来,却又陷入"物的依赖"之中;我们今天的社会就是"物的依赖"时代。而未来的理想时代是"自由个性"的时代。文化美学就是要呼唤人性的复归,在更高层次上提升人类本性,发挥人的自由自觉的潜能。这是新审美精神所包含的一个重要内容。所谓超越性,有两个方面的内涵,一是超越自身,使自我的人格获得提升;二是超越日常生活,实现由日常生活向审美生活的飞跃。在胡经之看来,在这两种超越中,超越自我在焕发新审美精神中尤其关键,它是对客我意识和主我意识的调整,将自我意识和对象意识有机融合起来,以便在审美体验的过程中实现主客统一、物我同一,达到审美的最高境界。

总之,胡经之文化美学研究的构想,目的是要唤起和焕发新审美精神。时代在变,审美精神不能不变。新的时代对新的审美精神有更高的要求,而审美精神的变化就隐含在文化的发展与变化之中,只有捕捉到这种变化,才能洞悉审美精神的变化。由此可见,胡经之的文艺美学思想在这里已经开始深化。他从文化美学中寻求到文艺美学的一个新的生长点。尽管胡经之的文化美学研究成果不多，只是提出了一些构想，还没有大规模地实践，但是，从他的这些构想中，我们深深地领悟到其思想的逻辑发展，也看到了文艺美学进一步深化与完善的曙光。

四、面向现实求超越

胡经之提出走向文化美学、倡导对文化进行美学的研究之日，正是中国学术界刚刚兴起文化研究之时。当时，学术界对文化的关注点并不多，后来，由于引进了西方的文化批评观念，关注的内容越来越广泛。从现代到后现代，从文学艺术到日常生活，都成为文化研究的对象。在文化研究的热潮中，文化被抬到了至高无上的地位，仿佛文化就是一切，文化的研究可以代替文学艺术的研究，更有甚者，有人认为文学艺术的本质已经丧失，走向了反本质主义，乃至后来，围绕着“日常生活的审美化”等问题，展开了一场激烈的争论。

应该说，“日常生活的审美化”这一命题本身非常有意义。审美确实不只存在于高雅艺术之中，也存在于人类的日常生活之中，而人类日常生活中的大量审美现象是被美学忽视的，没有被认真地研究与对待。如果从美学的角度对人类的日常生活进行研究，将人类的日常生活与审美结合起来，对培养人类的审美情操、提高人类的生存质量和精神境界都是有意义的。然而，对日常生活的审美研究，应该与对文学艺术的审美研究并行不悖，这是两条审美研究的路径。可是，提出“日常生活的审美化”的论者在论证这一问题时却出现了一种偏颇，那就是企图以日常生活的研究代替文学艺术的研究，消解文学艺术的本质，过分地渲染流行文化、消费文化、商业文化的美学价值，渲染科学理性与技术理性的价值。社会的发展、科学技术的进步，目标只有一个,那就是提高人类的生存质量,当然,其中也包括审美。但是往往事与愿违。科学技术的发展在给人类带来丰厚的物质利益的同时,也极大地伤害了人类,改变、扭曲了人类的某些道德和品行。这就与审美相悖了。20世纪初、中期西方的文化批评就充分注意到这一事实,以法兰克福学派为代表的新马克思主义就对资本主义的工具理性提出了批评,认为它在一定程度上异化了人性,使人成为"单面的人",可谓振聋发聩,发人深省。接着,美国学者马泰·卡林内斯库认真审视了现代性的五副面孔:现代主义、先锋派、颓废、媚俗艺术、后现代主义,对之进行了深入的剖析,审视利弊。可见,西方学者对文化的研究虽然关注流行文化,但主流的倾向并不媚俗,更没有偏于一隅,他们已经明确认识到了日常生活与审美之间所形成的悖论。

文化研究应该研究流行文化、消费文化、商业文化,但是,不能把流行文化、消费文化、商业文化作为文化研究的唯一目标或者风向标,不加分析地给予无条件的肯定与赞美,更不能以此代替文学艺术的研究。这一点,胡经之非常清醒。通过对西方文化研究现状的考察,他发现,西方的文化研究在刚刚兴起的20世纪60年代,研究对象就已经非常广泛了,其中包括人类学、艺术史、哲学、政治学、心理学、语言学、电影、性、社会思想史等,进入20世纪90年代,已经扩展到整个文化领域,以至于没有人能说清楚它究竟跨越了多少学科。文化研究是从文学研究发展而来的,文化研究兴盛之后还需要文学研究吗?文化研究和文学研究到底是什么关系?胡经之引用了美国学者乔纳森·卡勒的观点进行阐释。他认为,文化研究并不能代替或者取消文学研究,但是,却有利于文学研究的深入。文学研究应该深入研究作为文化艺术之一的文学的特殊性,如果不能掌握文学的特殊性而只停留在文化的一般性上,那么,"文化研究很容易变成一种非量化的社会学,把作品作为反映作品之外什么东西的实例或者对象来对待,而不认为作品是其本身内在要点的表象"[1]。可见，在他的心目中，文学艺术因为自身特殊规律的存在，对它的研究不可替代，只能深化，可以借助于文化的研究方法将文学艺术的研究推向深入。胡经之的态度非常理性，他没有附和西方和当下的文化研究潮流，消解文学艺术的本质。这就与当下的"日常生活的审美化"研究呈现出明显的差异。为此，王元骧曾经这样评价胡经之对文化美学的思考："胡老师在倡导'文化美学'时坚持和强调'人间的文化创造，怎样才能符合美的规律，这是文化美学必须回答的问题'；并明确表示他是反对思辨美学对美的本质作抽象的哲学思考的，但不能以反本质主义为名把对事物的本质的研究也给否定了，因为这样一来，我们对问题的思考就失去了理论依据和理论前提，就会丧失科学性而陷入到主观随意性。所以胡老师说'如果把"反本质"膨胀为一种主义，成为反本质主义，我也不能苟同'。这样就与我国当今流传的所谓'文化批评'明确而彻底地划清了界限。"[2]

胡经之文化美学构想的突出意义在于关注当下的社会现实，试图通过对社会诸种文化现象的考察唤起新的审美精神，从而推动当代审美文化的发展。当代文化本身是多元的，其中有好有坏，有的具有审美的素质，有的不具有审美的素质，在胡经之看来，它们都应该成为文化美学研究的对象。文化美学研究美的日常生活和文化现象，目的在于总结美的规律，进而把握美的规律；研究那些不美的日常生活和文化现象如暴力、色情、黑社会、腐败、污染等，目的是从美学上去审视、评析这些现象，以便给社会发展提供一种参照，进而指出一个方向。因此，审美文化和非审美文化都具有研究的价值。这就把美学的研究范围扩大了，扩大到所有领域，同时，也在一定程度

①乔纳森·卡勒著，李平译：《当代学术入门·文学理论》，辽宁教育出版社1998年版，第53页。
②王元骧：《"文化美学"随想》，《深圳大学学报》2004年第1期。

上激活了美学的应用价值。文化有高雅、通俗之分,对雅俗这些不同的文化现象,不同的人由于自己的个性、气质、文化修养与审美趣味可能会有不同的偏好。这就决定无论是雅还是俗都有价值。实际上,通俗和高雅人人都不能回避,再"俗"的人也需要一点高雅艺术,而再"雅"的人也需要一点通俗的艺术。这就给文化美学的发展提出了一个问题:应该如何对待现代文化中的通俗和高雅?胡经之经过认真思索,回答了这一问题,也给文化美学的发展指明了方向。他说:"文化美学可以通过对高雅文化和通俗文化的研究,探索当代文化如何走雅俗共赏之路。"①这里的雅俗共赏并不是折中,而是适应当下社会发展对文学艺术创造提出的新的要求,同时,也是为培养和造就一种新的审美品格而提出的要求。胡经之有一个愿望,那就是美学不要老是待在高雅的殿堂里,成为少数人玩赏和品味的对象,而应回到现实中来,回到地面,回到人间。

文化美学是胡经之提出的一种新的学术构想。实事求是地说,他对这一问题的研究并没有大规模展开,并没有像他的文艺美学研究那样形成了比较完整的学术研究框架和体系,仅仅是一些构想而已。然而,正是这种构想凸显了他学术研究的深入。正像王元骧所说:"胡经之老师这几年继'文艺美学'之后又提出了'文化美学'的构想,它的基本精神按我的理解就是认为美学既要坚守美的规律,又不能像思辨美学那样只停留在对美的本质作抽象探讨的层面上,而还应关注当今的现实,与当今文化现象的研究相结合。我认为这是对文艺美学研究领域的进一步拓展,是一种既坚持美学本性又与时俱进的学术倡导,是很有理论意义和现实意义的。"②

①胡经之:《走向文化美学》,《胡经之文丛》,第70页。
②王元骧:《"文化美学"随想》,《深圳大学学报》,2004年第1期。

第七章　倾情自然美学

人类自产生以来，就与自然建立了非常密切的关系。自然给人类提供空气、水、食物等最基本的生活物质，使人类得以延续；而人也有责任关心、呵护自然，使自然按照它的生存规律生存。呵护自然，就是呵护人类自身。然而，这个浅显的、就摆在人们眼前的直观的道理人类却往往看不明白，在人类的发展史上，不断上演人与自然对立的悲剧。由于人过度向自然索取，破坏了自然的平衡，自然也以病态的体质出现，不断地制造灾难，危害人类。因此，人虽然生活在社会之中，但也绝对摆脱不了自然，维护自然的平衡发展就是维护人类自身。从审美的角度说，自然中有许许多多美好的东西能够给人提供身心的愉悦，它也是人们的精神家园。随着岁月的流逝，年岁越来越大，很多人会越来越钟情于大自然，越来越依恋大自然，将大自然看作自己的精神家园。这一点在胡经之身上表现得极为典型。作为一个美学家、文艺理论家，胡经之喜欢玩味大自然，喜欢对大自然作美的沉思，从中领略美的趣味。他从自己的审美体验出发，对自然美进行了深层次的思索,试图解答一直困惑他的难题:自然美,究竟美在哪里?为此,1999年,他欣然应允海天出版社,为之主编了一套《人与自然》丛书,并写下了一篇总序,阐发了人类必须按照美的规律来改造世界而不能毁灭自然之美的观点。此后,他又撰写了《珍重自然》《生态之美究何在》《家园亦何在天涯》等文章,探讨自然美的独特之所在,表达了他的自然美的思想。

一、向人而生自然美

胡经之从小就喜爱大自然,对大自然有很深的体验。他的故乡江南水乡给了他太多美的感悟,是他进入美学思辨的启蒙。太湖、阳澄湖浩淼的水波,伯渎港清清的水流,鱼池弄的池塘、垂柳、竹林,这些都让他沉醉、着迷,深深镶嵌在他的心灵之中。然而,少年时期的胡经之对自然美只是一种爱好,并无自己的美学思考,等到他读到朱光潜的《谈美——给青年的第十三封信》(后来再版时名为《谈美》),才知道世上还有一门学问叫美学。可是,朱光潜在说到美与自然时,却说自然并没有美,美只在人的心中。这着实给胡经之留下了深深的困惑。在《谈美》中,朱光潜说,将"自然"和"美"放在

>> 在北大参加世界美学大会(2010 年)

一起本身就是一个矛盾,“是‘美’就不‘自然’,只是‘自然’就还没有成为‘美’”①。只有把那自然放在心中,和“情趣”相融合,成为意象,这才有了美。美只在意象,不在自然。胡经之进入北大之后,曾经多次向朱先生请教,进一步弄清楚了他的意思。朱先生的意思是:美是主客观的结合,不是纯粹的客观之物——那只是物甲;美是把物甲加以情趣化,成为物乙;物乙是经过人的主观化的结果,是主客观的融合;所以,大自然本身不存在美。只有自然风景在人心里得到反映,被情趣化了,才会有美。

胡经之一直敬佩朱先生思索得深刻,真正触及到了人类审美活动中的

①朱光潜:《谈美》,《朱光潜美学文集》第一卷,上海文艺出版社 1983 年版,第 487 页。

精微之处。例如，朱先生把“花之美”和“花之红”严格区分开来，同时也把审美活动和认识活动区分开来，不再混为一谈。然而，胡经之从自己的审美经验出发，总觉得朱先生对美的阐释，始终没有把本体存在和审美反映这两方面加以严格区分。如果不对美的存在和美的体验进行区分，就很难对美学作更加深入的探索，也很难对自然美作出更符合实际的阐释。依胡经之看，朱先生对艺术中的意象之美作了很精到的分析，这对阐释艺术之美有很强的说服力。在《文艺美学》中，胡经之在分析艺术之美的时候，就以审美意象作为逻辑起点。然而，在艺术创造之外，在人类的生活中，随处可见的是自然美。就以胡经之故乡的太湖来说吧，虽然多了一些历史沧桑，但在新中国成立初期，基本上能够保持天然之美，苏州人、无锡人一向以此为傲。一曲脍炙人口的《太湖美》，是作者任红举泛舟太湖之上亲眼目睹太湖风光的有感而发，那波光粼粼的湖面，蔚蓝色的天空，明媚的阳光，湖光山色，交相辉映，使作者产生了美感，情不自禁地写下了“太湖美啊太湖美，美就美在太湖水”。在这太湖的意象之中，包含了已经人化的自然，如“水上有白帆，水下有红菱”，也有尚未人化的自然，如“水边芦苇青，水底鱼虾肥”，这些都是美的意象。在这首歌曲中，美确在意象。这些意象，就像朱光潜所说的那样，已经经过了作者的情趣化。当胡经之听到这首乐曲时，他的心中也激起了美感，他的脑海里还浮现出他以前曾经亲历过的太湖形象。这都可以归为朱先生所说的“美在意象”。然而，在《太湖美》这首乐曲之外，客观存在着的太湖风光就没有美吗？对此，胡经之作了与朱先生不同的阐释。他认为，美可以在意象，也可以在引发那些意象的物象；太湖形象本身也可以是美的，美就美在这天地自然之象，而非人心营构之象。物象之美不同于意象之美，不能相互替代，更不能相互否定。胡经之曾经深情地说道，每当他自己在钢琴上弹奏《太湖美》这首富有江南民歌风味的乐曲时，都会唤起他对太湖美

>> 参加太湖论坛(2011 年)

景的追忆,寄寓着他的思乡之情(意象美)。但他并不满足于此,无论是寓居北京还是寓居深圳,他还是要长途跋涉,不远千里、不辞劳苦地回到故乡,亲眼看看太湖,泛舟湖上,亲身体验太湖的天然之美。

胡经之喜爱艺术中的意象之美,但他更乐意享受生活中真实存在着的自然之美。他曾经引用叶燮的话来表达自己的思想:“凡物之美者,盈天地间皆是也,然必待人之神明才慧而见。”(《己畦文集》卷九《集唐诗序》)天地间万事万物之美客观存在着,有待于人的“神明才慧”去发现,从而在心中形成意象。胡经之对郑板桥的画竹之论心生敬佩,他一直向往能到郑板桥的故居去,亲眼目睹他的竹园,体验他的画竹妙论。在 21 世纪的第一个春天,胡经之去扬州大学参加学术会议,终于如愿以偿,去了兴化,访问了郑板桥和刘熙载的故居。胡经之发现,当过七品芝麻官、老来靠卖画为生的郑板桥那简陋的小屋，比起刘熙载的书香门第，实在太寒酸了。然而，那陋室前小园中的一柱太湖石和几丛修竹，却给了胡经之以高远淡雅之感，他直接感受到了竹石之美。正是这园中之竹的美，激发了郑板桥的画竹之意。园中之竹，映入郑板桥的眼帘，成为“眼中之竹”，在他的心胸中，情趣化为“胸中之竹”，再经“手中之竹”，固定在画纸上，成为画中之竹。在胡经之看来，美不仅只是生成于“胸中之竹”这一环节，园中之竹和画中之竹都可能生成美。因此，他并不否定“美在意象”之说，但也并不因此一定说美只在意象。北京大学教授叶朗曾经送他一部新著《美学原理》，书中重又发挥了朱光潜的美在意象说，以郑板桥的画竹的感悟为例，只肯定“胸中之竹”才美，“眼中之竹”则无美。胡经之在《美学伴我悟人生》一文中，也谈及了这一话题。他认为，“胸中之竹”固然可以美，但“眼中之竹”甚至“园中之竹”也可能美。“这‘园中之竹’是物的存在，人不去看它，就无所谓意向对象。但板桥去看了，和‘园中之竹’相遇，映入眼中，成了‘眼中之竹’，这就可说是意向对象。但这‘眼中之竹’在不同的人‘眼’里并不一样，要视这看的人‘意向’如何，既可成实用对象，又可成科学对象，也可成审美对象。到了郑板桥眼里，这‘眼中之竹’成了审美对象，引发了他的情趣。”①

“园中之竹”为何也会美？为了探索自然之所以也能美，胡经之不断地钻研马克思主义经典，从《1844 年经济学—哲学手稿》到《资本论》。他发现，马克思、恩格斯对这一问题的认识非常深刻。胡经之很早就注意到了恩格斯在游览莱茵河之后写的一篇散文《风景》，在这篇文章中，恩格斯热烈赞美大自然的恩赐，赐予了德国如此优美的风光。马克思、恩格斯在《神圣的家族》中，更是给予大自然由衷的赞叹，认为大自然的美能够唤醒美好的人

---

①胡经之：《美学伴我悟人生》，《美与时代》2010 年第 2 期。

>> 与张世英在世界美学大会上(2010 年)

性。在马克思看来,人靠自然界生活,人类只有在大自然中才能生存、发展和完善,在人与自然的相互交往、作用中,自然界日益向人生成,成为人的生活和人的活动的一部分。自然事物进入人类生活,不断地向人类生成,对人类产生多种多样的意义、价值。不管已经人化的自然还是未经人化的自然,自然仍是自然,如果自然进入人类的精神生活,也就成了人类的精神食粮。马克思说:"从理论方面来说,植物、动物、石头、空气、光等等,或者作为自然科学的对象,或者作为艺术的对象,都是人的意识的一部分,都是人的精神的无机自然界,是人为了能够宴乐和消化而必须事先准备好的精神食粮;同样的,从实践方面来说,这些东西也是人的生活和人的活动的一部分。”①

胡经之信服马克思关于自然向人生成的学说,想用它来解释自然美。自然美乃是自然向人而生,因而,尽管人类是由自然界产生的,但自然美却要在人类产生后才有。自然事物进入人类生活之后,具有了意义、价值,才有了自然美。郑板桥的“园中之竹”早已成为他生活的一部分,是他的审美对象。自然美、人文美、艺术美都具有共同性,那就是:宜人性。正是在这一点上,胡经之既区别于朱光潜的“美在意象”说,又迥异于蔡仪的“美在典型”说。他是不同意蔡仪的“美在典型”说的。“美在典型”针对的是任何物种,其典型者即为美,动物、植物、有机物、无机物都有自己的美,美就体现了不同物种自身的典型特征,而与人无关。这种见物不见人的美论,很难解释人类生活中的复杂的审美现象,比如,典型的毒蛇、病鼠、蟑螂、臭虫等,也美吗?自然并非全美,丑恶也屡见不鲜。但自然中确有美,人类之所以能够发现与欣赏自然美,其最终的原因当然是根源于人类的劳动实践。劳动创造了人,人的生存、发展和完善也有赖于劳动。人在生产实践之上还在发展着更为丰富多彩的其他实践活动(交往实践以至精神实践)。人类在丰富多彩的实践中生长着“神明才慧”,培育了会听音乐的耳朵,能观赏自然美的眼睛,甚至发展到能够欣赏荒凉的河岸、毫无生机的沙漠。劳动也能创造美,自然人化可能而且应该使自然更美,并且能创造出大自然中所没有的人文美、艺术美。胡经之对自然美的看法也不同于李泽厚的“自然人化”论。在李泽厚看来,自然只有经过生产实践的改造后才美。他把“劳动创造美”绝对化,否定了自然本身也在向人生成而美,这就走向了见人不见物的另一偏向,把欣赏自然美归结为只是欣赏人。这是当代现象学家也不能接受的美

①马克思:《1844 年经济学——哲学手稿》,刘丕坤译,人民出版社 1983 年版,第 49 页。

论。在胡经之看来，欣赏自然之美，还是应在欣赏自然本身，而不是在欣赏人。只是，自然美本身乃是对人的自由个性的间接肯定，自然美与人有关，对人具有肯定意义，正价值，却不是人的感情、意志的外化。为此，胡经之在青岛召开的生态美学国际研讨会上，宣读了一篇论文《生态之美究何在》，特别阐发了自然美与人文美、艺术美的不同以及它的独特之处。人文美、艺术美都是人的创造，是人的实践活动的创造，具有意向性、自觉性；但自然美除了宜人性之外，只有自在性，却无意向性，并非人的创造，不是意识形态。在2010年第十八届世界美学大会上，胡经之主持了“自然美论坛”，重申了他的看法。

>> 莱茵河畔访波恩(1994 年)

胡经之所说的自在性和无意向性，并不是说自然美和人类没有任何关系，而是强调自然美的独立和自由的价值。自然美是天造地设、自然生成的，它不是人的创造。这就从根本上规定了自然美是自在的、无意向的。胡经之将自然美与艺术美、文化美相比较来说明这一问题。艺术美和文化美都是人所创造的美，这些美，符号的意味非常浓烈，它们都或多或少地体现了创造者的意向，即展示创造者的思想情感和人生体验，表达创造者的人生感悟。而自然美则不同。胡经之说："艺术生产是以符号作手段、工具的精神生产。艺术生产用符号做工具、手段创造出来的是一个由心营构出来的意象世界，一个心构的天地，表现了艺术家的意向。所以，艺术之美和自然之美不同，自然之美并无人的意向性，只有自在性。"①人创造出来的艺术美和文化美是一种符号，自然美则是一种非符号形式的存在。即使有人把自然现象也视作一种符号，但此符号非彼符号，不能和人工符号混为一谈。这就是说，自然美并没有人为的内涵。孔子所谓的"智者乐水，仁者乐山"，"岁寒然后知松柏之后凋也"，只不过是人的审美体验，是人的意向性的表现。

既然自然本身是自在的、无意向的，那么，自然为什么能够成为美的对象？胡经之对人与自然美的关系作了不同于别人的独到的解说。

胡经之说："大自然在人的面前只是自在地呈现出自己的形象，在这形象中客观地存在着对人的意义、价值。人能否体会和如何理解自然的意义、价值，关键在人，大自然本身并不评价，又无态度，不像在艺术作品中，艺术家不仅对审美对象做出评价，而且还时常表现出艺术家自己的态度。正因为大自然没有人的意向性，缺乏确定的涵义而具有更大的普泛性，面对大自

①胡经之：《生态之美究何在》，曾繁仁主编：《人与自然——当代生态文明视野中的美学与文学》，河南人民出版社2006年版，第16—17页。

>> 与李泽厚（中）、张磊（左）在珠岛（1989 年）

然的审美，也就有了更大的自由。"[①]确实，大自然没有思想，无法思维，其本身没有评价，也没有态度，因而不属于意识形态。它之所以能够焕发美的光彩，还在于人，是因为在自然形象中客观地存在着对人的意义和价值。人能否理解这种意义和价值，最为关键的是，要看人有没有美的体验，有没有美的感悟。假如人具有审美能力，且有审美情趣，就能体验、领悟到自然之美。大自然的无意向性却给人对大自然的审美提供了一个无限丰富的自由空间，大自然的观赏者可以升天入地，自由驰骋，捕捉自己所需要的审美意象。因此，同样一个自然形象，每个观赏者的理解可能不一样。之所以会产生这种情形，首先，从本体存在来说，是由于不同的人和自然的关系有所不同，同

①胡经之：《生态之美究何在》，曾繁仁主编：《人与自然——当代生态文明视野中的美学与文学》，第 15 页。

一自然形象在不同的生活场域中起着不同的作用，因而对不同的人具有不同的意义、价值；然后，才会发生不同的人对同一自然形象产生不同的体验和感受。因为每个人的审美体验、审美情趣不一样，在不同人的心中形成的“内心意象”也就各不相同。譬如，同样是“月”，在李白的笔下是飘逸的（如“峨眉山月半轮秋，影入平羌江水流”），在杜甫的笔下是沉郁的（如“今夜鄜州月，闺中只独看”），在苏轼的笔下是豪放的（如“但愿人长久，千里共婵娟”），在其他人的笔下可能还会有更多的差异。何以会产生这样的差别？就是由于“月”本身无意向性而人的审美体验产生了差异。这种情形不仅会表现在不同的观赏主体的观赏活动中，而且还会表现在同一个观赏主体的观赏活动中。同一观赏主体在不同时间、不同地点以不同的心境去观赏同一对象时，不同的境遇就会产生不同的审美体验。在李白的心目中，月可以是忧愁的（“举杯邀明月，对影成三人”），可以是历史的（“苍苍金陵月，空悬帝王州”），可以是送别的（“月出峨眉照沧海，与人万里长相随”），可以是童趣的（“少时不识月，呼作白玉盘。又疑瑶台镜，飞在青云端”），还可以是玩赏的（“秋月照白壁，皓如山阴雪”），等等。只有自在的、无意向的，自然才是包容的，它能给人以无限自由的创造空间，永不停息地向人们展示无穷无尽的美的光环。

自然美的自在性和无意向性，一方面展示了自然的客观特性，另一方面又显示了审美主体的主动性。自然美只向想象力丰富的、有一定审美体验的人敞开，也只有具有丰富的想象力和审美情趣的人才能够真正领略自然之美。胡经之对自然美的这一特性的认识，在一定程度上弥补了学术界对自然美特性研究的不足，对深化美的本质问题的探讨有一定的启发意义。

>> 文莱海滨候轮渡(2001 年)

二、劳动异化美变丑

劳动创造美,但劳动也会制造出丑。劳动的异化、异化的劳动正在为人类不断地制造出丑。劳动实践并非都美。

在少年时期,胡经之就亲眼目睹了日寇铁蹄蹂躏和毁坏美。一次,他去苏州城外探访枫桥。当时,枫桥和寒山寺之间的地带已被日军占领,并被辟成一座利用马粪制造纸张的作坊,粪水横流,臭气熏天。唐人张继笔下的"月落乌啼霜满天,江枫渔火对愁眠"的美景已经荡然无存。后来,胡经之在他的一篇赏析《枫桥夜泊》的短文中,把他此时此地的感受和张继的体验作了对照[1]。北京大学教授金开诚读过这篇文章后，大为赞赏，还专门在《文史知识》上撰文予以褒奖。

在三年困难时期，胡经之回过一次故乡梅村，眼前的景象使他大为震惊。那郁郁葱葱的竹林、桃林、柳林，全被砍伐殆尽；养鱼的池塘全被填平，种上了水稻。没有了溪水涓涓，一切都变成了单一的平坦。大跃进对江南水乡的破坏，远远超出了他的想象。这使他幡然领悟，如果人们无知而无畏，同样会毁坏自然美景！更令他感到沮丧的是，那哺育他的太湖，其环境在最近十多年内加速恶化，湖水臭了，蓝藻丛生。《太湖美》中所赞赏的太湖美景正在消失。这真是对现实的莫大嘲讽！

人类只有一个地球。人生活在大地上，为了生存和发展而不得不改造自然，使自然人化。但自然人化既可能使自然优化，也可能使自然恶化，关键是看人类是否按美的规律来使自然人化。胡经之深深感到，当下人类的发展，在很多情形下都不是科学的、和谐的、协调的，既不遵循真的规律，也不符合善的规律，更不按照美的规律。而真正的科学发展，应该把这三者整合、统一起来。

人类的发展给自然带来的问题很多。社会发展的过度工业化，对自然的过度开发、掠夺，使得环境污染和破坏严重，导致了全球气候变暖、海平面上升、水土大量流失、土地沙漠化、洪水肆虐、疾病流行。在当今的世界上，不少人已了解破坏自然环境所带来的恶果，但是，一旦面对蝇头小利，却还把自然环境抛诸脑后，不惜以牺牲自然为代价。

人类要科学发展，首先就要珍重自然，善待自然。在胡经之看来，人类

①见胡经之：《美感终必蕴真实——张继〈枫桥夜泊〉随谈》，《古典诗词名篇鉴赏集》，中华书局1984年版。

对自然的珍重与善待并不意味着人必须要成为自然的奴隶，相反，他认为人类要控制自然，不要让自然加害人类。但是，控制自然并不是要破坏、消灭自然，而是要因势利导，避害趋利。这就首先必须适应自然，在适应自然的基础上对之加以改造，以实现人类的生存、发展和完善。因此，胡经之说："人改造自然，应是自觉的自由活动，从心所欲而又不逾矩。所谓'从心'，就是要依从马克思所说的'人类的本性'或'人类应有的合乎人性的准则'来改造；而不逾矩，则是不能违背自然规律。人类的最伟大的创造，也不能违背内在和外在的两个尺度，必须按照美的规律来进行。这正是人类实践活动的特点。"①这就是说，对自然的改造要按照美的规律进行。

自然美的规律是什么？如何按照自然美的规律来改造自然？胡经之把这些问题都放置到现实之中进行分析、评判。人类衡量自然美有两个尺度，一个是内在尺度，一个是外在尺度。所谓外在的尺度就是物种的尺度，那是自然的天性，而内在的尺度是人类的尺度，即依据其是否符合人类的发展和完善来衡量的尺度。这是马克思主义的观点。只有将这两个尺度完美地统一在一起，才是按照美的规律来创造。只有按照美的规律来创造，自然与人类才能够优化，人与自然才能够实现动态平衡，从而建立起人与自然的和谐关系。

自然有它自己的运行规律，不以人的意志为转移。自然并不全美，苍茫大地，万事万物，既有真、善、美，又有假、恶、丑。人类要改造自然，首先要化假、恶、丑为真、善、美。地震、海啸、台风、火山喷发等自然现象，给人类带来了多么大的灾难，人类至今尚不能有效控制它们。因此，人类应该首先把目光锁定在控制和防止自然灾难上，这就需要从更高的层次上去关注人与自

①胡经之：《珍重自然》，《胡经之文丛》，第24页。

然的生态平衡。动物、植物的生存都有它们的生物链，这些生物链的存在维持着生态平衡。任何一个物种的存在都有它的存在价值，人类要能够有效地利用这些生物，化害为利，科学控制动植物的生态平衡。这是胡经之按照美的规律来改造自然的观点的一个重要内涵。

胡经之按照美的规律来改造自然的观点还有一个内涵，那就是依据自然的天性，按照美的法则将自然景观改造成为美丽的风景，以供人们旅游、休闲、娱乐之用，满足人们的精神需求。在胡经之看来，自然确实存在着美，这种美天造地设，不是人力能够创造的。例如，黄山的神奇、泰山的雄壮、峨眉山的秀美、华山的险峻，都是自然天成的，人类无法创造，也无须改造。问

>> 初访巴黎塞纳河(1993 年)

题是，这些大山，山路极其险峻，而无限风光往往就在那险峻之中，怎么样才能让更多的人更好地欣赏它们？这就必须改造。改造的原则就是因循自然的天性，在不破坏原有环境的基础上，疏通道路，美化景致，使大山更美，能给人更加充实的审美体验。当下，世界各地的人都知道自然资源的可贵，想方设法开发出了许多旅游、度假、休闲的圣地。但是，有的地方违反自然规律，不能够很好地利用自然天性，完全破坏了自然环境，使自然美景逐渐消失。这就不是按照美的规律来改造，相反，违背了美的规律。一旦自然环境遭到了破坏，这自然美就不可再生，永远消失了，要想再恢复到原先的那种自然的状态很难，即使能有所补偿，也要花费数倍乃至数十倍、数百倍的时间、精力和财力。同样，一个城市的规划和建设也应遵循自然美的规律。任何一个城市的自然风光都是极宝贵的财富，应是城市的标志。如何规划设计，以凸显城市的特点，展现城市的美的风姿，实现人与自然的和谐，实乃如何实现城镇现代化的当务之急。

胡经之竭力推崇按照美的规律来改造自然的思想，和那些全盘否定“自然人化”的生态主义不同，他肯定自然必须人化，但必须按照美的规律来使自然优化、美化，而不是去破坏、恶化。他既不赞成生态中心主义，也不同意人类中心主义，而是要在人与自然之间，以人为本，实现动态平衡。

三、天地大美弥足珍

“天地有大美而不言”（《庄子·知北游》），庄子的这一美学见解，胡经之最为敬服。康德在晚年也曾经说过，他最为敬仰的，是天上的星空，地上的法律。胡经之认为，在天地大美面前，人不仅体验到了大自然的崇高，而且提升了人类自身的境界。在领悟天地大美之中，审美体验也达到了最高

>> 放歌韩国济州岛(2002 年)

的境界。

胡经之为体验天地大美,曾经不辞劳苦,长途跋涉,跨越了大江南北,走遍了名山大川。他曾经陪朱光潜爬过昆明的西山,在龙门远眺滇池;他曾爬过峨眉山,登临高峰看日出;他曾游览张家界,观赏那里的奇峰异石;他也曾登过崂山、泰山、普陀山……每次登临祖国大好河山,都使他激动不已,享受到无穷乐趣,从而也提升了他的审美境界。

在所有的名山中,胡经之最钟爱黄山,一共去了 5 次。第一次是带着王一川、陈伟、丁涛去作"自然美考察"。那时黄山还没有缆车,他带着一双拖鞋,在山上转了一整天,体验"天地大美"。最后一次是 2000 年的初夏,他在南京开完中外文艺理论学会年会之后,和钱中文、陆贵山、程正民、黎湘萍等一起去了黄山。这次,他们乘缆车从南口入山,一下子就到了黄山的最佳观景处。然而，天公不作美，突然乌云密布，狂风大作，暴雨倾盆而下。他们正要登黄山最陡的鲤鱼背，无路可退，只能向前。几个人爬行着逐级而上，在这种情形下还谈什么审美，体验到的只是恐怖。此次黄山回来，胡经之病了一场，脚肿皮烂，只好去医院拔掉指甲。黄山此番劫难使他深切体悟到，境遇、对象和自我构成一个动态的系统，三者的互动决定了审美效应，黄山虽美，但在特定境遇下给予人的只是恐怖，难以体验到美。从此之后，胡经之就没有再去黄山，只是从电视、画报上时而看看黄山的图像，只能体验意象之美，却不能再身历其境，领悟天地之美了。然而，这些黄山的图像能够替代真正的黄山吗？显然不能。依胡经之自身的感受，要想真正体验“天地大美”，只有多去亲访名山大川。

胡经之将自己对“天地大美”的体验引入美学研究中，阐发了一些独特的观点。西方美学把艺术的地位抬得很高，认为艺术才是美的典范、美的极致，没有任何一种美能超过艺术的美。然而，中国古典美学却非常重视自然美，把对“天地大美”的体验和领悟归结为审美体验的最高境界。胡经之继承了庄子以来的审美传统，对这种审美体验的最高境界作了理论上的阐发。在《生态之美究何在》这篇文章中，胡经之这样写道：“大自然广阔无垠，无边无际，无始无终，时空无限，所以生态之美乃是‘大美’，古人所追求的‘天地境界’，乃是审美体验到的最高境界。”[1]确实，在中国古代，由于受“天人合一”观念的支配，很多人都推重自然，认定自然是“大美”，是众美之中最高的美。道家学派的两位泰斗老子和庄子就是研究自然美的大师，他们把自然抬到至高无上的地位，就是因为大自然中没有人的意向，抛弃了人为的雕

①胡经之：《生态之美究何在》，曾繁仁主编：《人与自然——当代生态文明视野中的美学与文学》，第15页。

饰，是真正的“以天合天”，达到了生活的最高境界。老子明确地说：“道法自然。”人类的一切法则都来源于自然。庄子在“天地有大美而不言”之外，还说过“朴素而天下莫能与之争美”（《庄子·天道》）。循着这一思路来思考，把自然美看作审美体验的最高境界确实有充分的依据。

胡经之这一观念的提出并不是建立在形而上思辨之上的，而是建立在自己对自然美的丰富的审美经验基础之上的。同时，这一观念也是对自然美精神价值的弘扬与肯定。他从当下的现实出发，特别突出了自然美的精神价值。在工业化初期，人们误认为自然是取之不尽、用之不竭的，于是，毫无节制地向自然巧取豪夺。等到自然环境恶化，直接危害人类的生存与幸福时，人们才幡然悔悟，意识到无止境开发自然是对人类和自然犯罪。这时，自然美便被摆到了一个非常重要的位置。与此同时，自然美的精神价值也相应提升。由于人处于自然之中，与自然有一种天然的亲和关系，自然就

>> 马尔代夫海岛游（2008 年）

不仅成了美的对象，而且由此出发而在精神世界中构建为“天地境界”。

胡经之对这一境界的言说主要是通过对自然之美与文化之美、艺术之美的比较展开的。在他看来，艺术、文化都是符号性的。在艺术、文化之中，都打上了人的思想情感的深深的印痕。但符号和自然之间隔了几层，而自然是自在的、无意向的，没有任何符号的意义。自然之所以能成为审美的对象，是因为它是一个本真的自然，本身就对人类具有肯定意义、正面价值。人本身就是自然的一部分，能够与自然的一切现象产生相互感应，获得审美的愉悦，实现审美的升华。而这种审美愉悦，是所有的艺术美、文化美无法替代的。这是因为，所有的艺术美、文化美都是符号之美。虽然，艺术、文化这些符号之美也能再现自然，但是，与真正的自然相比，是隔了三层的，相形见绌的。就像郑板桥画竹时的“眼中之竹”“胸中之竹”和“手中之竹”，这所有的“竹”都来自“园中之竹”。其实最丰富多彩的还是“园中之竹”，甚至还有旷野里野生的“山中之竹”，都可能成为审美对象，这是一切“竹”的根本。艺术、文化之美与自然之美各有胜境。大自然是一个三维空间，它给人的审美体验更加真切、实在。而这正是大自然的可爱之处。

胡经之说：“在大自然中，我们面对的是一个实在真切的世界，不是象征其他之物的符号，无论是艺术符号还是其他符号。自然之美就在自然之中，而不是在符号之中。自然审美，给人的是三维空间的全方位享受。大自然动静交错，声色共在，形美、声美、色香味等相互交融，迎面扑来，调动着人的听觉、视觉、动觉、触觉、嗅觉等，多种感觉被大自然激活，给人以全身心的审美享受。”①大自然给人提供的美是生动明丽的，它的三维空间展示的是一个

①胡经之：《生态之美究何在》，曾繁仁主编：《人与自然——当代生态文明视野中的美学与文学》，第16页。

立体的美妙的世界。在这个世界中，人们能真切地听到大自然的声音，看到大自然的色彩、形象，闻到大自然的气味，在不知不觉间陶醉于大自然之中，与大自然完全融为一体，实现了天人合一。在这个意义上，由领悟天地大美而在精神世界中构建而成的“天地境界”，确实是人审美体验的最高境界，它给人们提供的精神食粮是无穷无尽的。

尽管胡经之对“天地境界”赞叹有加，但他却不认为自然全美。他一再说，天地自然之象，如同人文创造之象和人心营构之象，既可能美，也可能不美，要依不同境遇而定。美学不能只停留在感性现象这一层次，而应跨入感性价值这一层次。美学乃感性学，但又不能只是感性现象学，还应是感性价值学。依他之见，感性现象多种多样，生命、生活、生产、生态等等，并非全美；人的生命活动，从劳动实践、交往实践一直到生活实践，从物质生活、社会生活、政治生活一直到精神生活，也都并非在按美的规律行进。美学就应对这些错综复杂的感性现象作价值分析和美学判断。

胡经之对美学发展的前景一直持乐观态度。“美学热”早就退潮，可他对美学研究一直持之以恒，孜孜不倦。在他看来，美学当然首先应研究审美这一精神活动。审美是一种评价，美却不是评价，而是一种价值，既可能自然存在，也可以由人创造出来（创美），又可以由人培育出来（育美），这就由精神活动跨入实践活动的领域了。美学既要研究审美，又应研究创美和育美，美学既是“为人”之学，又乃“为己”之学，助人探索人生之路。人生在世，首先得活得了，然后要活得好，最好是活得美，美滋滋地诗意生存。对真、善、美的价值追求，方是人生的终极目标。适者生存，善者优存，美者乐存。如今我国的现代化已进入新常态，正式高扬真、善、美的伟大时代，美学适逢其时，正可大有作为。他热切期盼美学能深入发展，研究水平提升。

第八章　重释古典文艺学

中国古典文艺学、美学博大精深，很早就引起了胡经之的兴趣。青少年时期，在陈友梅老师的影响下，胡经之喜欢上了中国古典文学，开始了古典文艺学、美学的启蒙。后来，到了北京大学，跟随杨晦读副博士研究生，主攻的就是中国古代文艺思想。他曾徜徉于中国古代的诗话、词话、曲论和小说评点之中，流连于乐论、画论、书论以及园林建筑理论。古典文艺学、美学的精妙言说，常常回荡在他耳边。他深切感到，研究文艺美学、文化美学，都不能离开中国古典文艺学、美学。离开古典，就失去了根本。而要建设有民族特色的中国现代文艺学、美学，必须以古典文艺学、美学为根基。古典文艺学、美学在两千多年的发展历史中已经形成了自己的特色，具有一套独特的范畴。这些范畴至今仍有活力。然而，古典与现代毕竟产生了隔膜，这是人们不可否认的事实。完全将古典文艺学、美学的理论挪用到现代，既不可能也不适宜，必须依从现代化的需要加以改造。因此，在当下的语境中重释古典，将之充实到中国现代文艺学、美学中就显得非常重要。而胡经之在开拓文艺美学学科的过程中及其此后，所做工作的很大一部分正是古典文艺学、美学的研究。

一、叩问古典发新声

胡经之对古典文艺学、美学的重视，在开拓文艺美学时就已经有比较突出的表现。他考察审美体验，研究审美意象和艺术意境，很大程度上是从中国古典着手，切实将中国古典文艺学、美学的范畴诸如兴、神思、兴会、意象、意境应用到文艺美学的构架之中，重新评估它们的意义与价值。胡经之对中国古典文艺学、美学的集中研究与梳理是在20世纪末编选《中国古典文艺学丛编》时。那时，他的博士生李健专门从事中国古典文艺学、美学的研究，参与编选此书，围绕范畴的取舍和博士论文写作，经常与他商讨，这激发了他重释古典，进一步深入研究古典文艺学、美学的愿望。

在他看来，研究中国古典文艺学、美学，范畴是关键。抓住了范畴，就抓住了根本，范畴就是中国古典文艺学、美学的存在状态。问题是，中国古典文艺学的范畴是通用的，既可适用于文学，也可适用于音乐、书法、绘画等艺术，因为中国古代的学术观念是混沌的，文、史、哲、艺不分。在不同的艺术中,同一范畴的内涵可能会不一样。即使在同一种艺术中应用,由于不同的人、不同的时代运用,意义也可能不一样。这给研究造成了很大的困难。如何入手,他与李健反复商讨。在中国古代众多的文艺学、美学范畴中,有些是核心范畴,如言志、缘情、比兴、神思、风骨、意境等,有一些是次要范畴,如会意、直寻、清空、质实、疏野等。核心范畴的内涵最为丰富,也最为重要,次要范畴的内涵单一一些,往往只适用于某个具体问题的言说。因此,他告诉李健,抓住一些核心范畴,进行深度发掘,可能会取得意想不到的效果。在《中国古典文艺学丛编》的前言中,胡经之曾经把他对范畴的看法这样表述出来:

> 中国古典文艺学的范畴远比西方文艺学的丰富多彩,大量的文艺学范畴,大多直接在审美中涌生。诗、文、书、画等的艺术论家,在"品赏"艺术的过程中,直接体悟到艺术的意味和意蕴,有感而发,乘兴评说。这种品评,运用的范畴,从审美中自然流出,和感性具体密切联系。那"体悟"中已蕴含了理性,瞬间提升到理性,但并非脱离了感性具体而另作知性的抽象,孤立由概念、判断走向推理,抽象演绎。最具体是最丰富的,这造成了中国古典文艺学范畴的丰富多彩,却也导致范畴的多义和含混,因此只能从不同的具体语境中去捕捉那不同的涵义。①

既然中国古典文艺学、美学范畴如此多义,怎样取舍又成为一个问题。胡经之认为,任何一个核心范畴都有一个主体意义,而这个范畴的其他意义都是由主体意义派生的。这个主体意义的价值究竟如何,是决定我们是否

---

①胡经之主编:《中国古典文艺学丛编(一)·前言》,北京大学出版社2001年版,第5页。

选择这一范畴的标准。可能一个范畴的主体意义在今天看来没有多大的价值,而次要意义却有价值,这都是中国古典文艺学、美学中存在的实际情况,在具体研究的过程中,应把这些问题搞清楚。正是基于对中国古典文艺学、美学及其范畴的这种认识,他与李健合著了《中国古典文艺学》。全书用了15个核心范畴构成一个理论体系。而在理论的逻辑上沿用的是创造—作品—接受这一通行的、又被大多数理论家认可的文学理论的结构模式,成就了一部50万言的原理性的著作。

《中国古典文艺学》的特点之一就是以中国古典文艺学自身的范畴构成中国古典文艺学的理论体系。全书共15章,第一章是绪论,总论中国古典文艺学的发生、特点、基本形态、基本方法和现代意义。第二章至第五章,围绕文道、言志、缘情、形神、言意五个基本范畴,论述中国古代对作品这个基本

>> 登门求教杨明照(中)、徐中玉(1989年)

环节的思考。第六章至第十一章，讨论了文气、神思、应感、物化、比兴、法度六个范畴，论述的是古人关于创作环节的认识。第十二章至第十五章，分别论述了知音、意境、风骨、趣味四个范畴。这是古代关于文艺接受的认识。如此，中国古典文艺学的理论构成与理论体系就非常清晰地呈现在人们面前，给人以亲切朴实的印象。这样的构思，理论难度很大，其中有一个相当细致的范畴辨析过程。胡经之与李健较好地完成了这一过程。

《中国古典文艺学》的特点之二就是把文学艺术作为一个整体来考察。可以说，这部著作并不是一本单纯的中国古代文学理论著作，而带有很强的艺术理论气质。胡经之看得非常清楚：中国古代文、史、哲、艺不分，但就文学艺术来说，从来没有把文学的审美特征与书法、绘画、音乐、戏曲、园林、建筑等严格区分开来，很多范畴都是通用的。这就决定了中国古典文艺学的特点，那是一种将文学艺术综合为一的理论，与西方有根本不同。为了尊重古人，《中国古典文艺学》才采用如此写法。胡经之说：

> 古代中国，诗话、词话、曲话、文论、画论、乐论、剧说、赋说、书品、点评等等，浩如烟海，散见于各种典籍。如果要加以概括，本可统名为"艺文学"，以与历代的"艺文志"相照应。但在犹豫再三之后，我还是按照现代称谓，把这些统称为古典文艺学，这更便于和现代文艺学相照应。①

其实，古典文艺学和现代文艺学概念虽能照应，但是意义却对应不起来。众所周知，现代文艺学的概念是从苏联引进的，它的真正的意义是"文学学"，因为"文学学"不符合汉语的表达习惯，故而称"文艺学"。而中国古

①胡经之主编：《中国古典文艺学丛编（一）·前言》，第1页。

典文艺学则是文学与艺术理论,如何对应?因此,胡经之只说照应,意思是只能在名称上照应,其实内容难以对应。在具体论述古典文艺学某一范畴内涵的过程中,有时针对文学,有时针对书法、绘画,而在讨论创作的时候,往往将文学艺术糅合在一起,因为文学艺术的创作过程是相通的。由此可见,《中国古典文艺学》确实特别,它不是单纯的中国古代文学理论,而是中国古代的文学艺术理论,或者直接可称为"中国古代文艺美学"。

《中国古典文艺学》的特点之三就是坚持文艺学、美学话语中国化的立场。研究中国古代文艺理论,最忌讳的是简单地拿中国的理论与西方比附,以西套中,或者以中套西。胡经之重视比较,也强调比较。但是,他坚决反对枝节皮毛的比较,主张价值比较。他说:

> 置中国古典文艺学于世界文艺学之林,把它和西方及东方其他各国的文艺学作比较研究,这也许是探索中国古典文艺学体系及其特点的重要途径。有比较才能有鉴别。然而,比较,不是比枝节皮毛,而是找本质特征,这就需要马克思主义这个基本方法。
>
> 比较要从实际出发,必须实事求是。比较,当然不止于事实比较,而应提高到价值比较的水平。但是,价值比较必须建立于事实比较的基础之上。为了比较,需要掌握对象的基本事实,既要知己,又要知彼,才能两相比较,辨别异同,评判优劣,从而取长补短,为我所用,发展具有中国特色的当代文艺学。①

《中国古典文艺学》遵循的就是这个原则。它不轻易比较,只是感到需

---

①胡经之主编:《中国古典文艺学丛编(一)·前言》,第1页。

要比较的时候才比较，更不乱用西方概念。在胡经之看来，由于不同的文化差异和思维差异，即使言说的是同一问题，也可能不在一个语义层面。比如应感与灵感，风骨与崇高，就曾经是《中国古典文艺学》比较的内容，然而，在比较的过程中，特别指出中西的差异是本质的。灵感是西方重要的文艺学、美学概念，自柏拉图以来，讨论得一直热烈。柏拉图从神学的角度认识灵感，认为是神灵的启示。后来又产生了康德的“天才”说，是灵感论的进一步演进。到了19世纪，西方理论家又试图从科学的角度解释灵感，发明了无意识理论。而中国古代对应感的认识是一贯的，一直强调它是神秘的感应，“中国的应感论不是神赐或神启论，而是人对万事万物的奇妙感应论”①。“神启”“天才”“无意识”与感应的差别是本质的。

《中国古典文艺学》坚持学术话语中国化的立场，意图就是回归中国古典文艺学、美学本身，试图激活中国古典文艺学、美学的范畴，使之能进入现代文艺学、美学的话语体系，促使有民族特色的现代文艺学、美学早日建成。

胡经之的中国古典文艺学、美学研究，实际是开拓了一个新的领域。虽然中国古典文艺学就是中国古代文艺美学，是文艺美学研究的一个组成部分，但是，由于其比较明确的使命感，又导致它与文艺美学有所差别。这也是我们单独把它拿出来作为胡经之学术贡献之一进行分析的重要原因。

二、深掘才知宝藏多

通过对中国古典文艺学的深入思考，胡经之产生了惊异。如此众多的有价值的理论、概念、范畴，其意义多没有得到很好的清理与发掘。我们常

---

①胡经之、李健：《中国古典文艺学》，光明日报出版社2006年版，第243页。

会见到这样的评论，指责中国古典文艺学、美学缺少理论系统，缺少科学的方法，很多理论过时，不能适应现代的文学艺术创作与批评。这些评论并不完全符合实际。产生种种指责的主要原因是没有对中国古典文艺学、美学进行深入的研究。在进行文学艺术研究与批评时，往往到西方去搬一些现成的理论、概念作为理论武器。其实，中国文艺学和西方文艺学是在不同的文化传统中发展过来的，有不同的发展道路，产生于不同的理论方式，形成了不同的思想体系和概念、范畴，各有特点，可以相互补足，但不能相互替代。由此看来，中国古典文艺学、美学的研究可谓缺失多多。

中国现代对古典文艺学、美学的研究，主要侧重于两个方面：一是材料的整理与发掘，出现了很多高质量的成果，如郭绍虞、罗根泽主编的《中国古典文学理论批评专著选辑》、唐圭璋编的《词话丛编》、中国戏曲研究院编的《中国古典戏曲论著集成》以及黄苗子等人整理的《中国古典美术论著丛刊》等；二是批评史、绘画史、音乐史、书法史等理论史、批评史的撰写，也出现了不少高水平的研究成果，如郭绍虞的《中国文学批评史》，王运熙、顾易生主编的《中国文学批评通史》（七卷本），谭帆等人著的《中国古典戏剧理论史》等。然而，如果仅仅停留在史的研究方面，中国古典文艺学、美学的研究并不能取得实质性的进展。而现代中国学者恰恰热衷于史的研究，一部一部的批评史、理论史接连出版，而且多有重复。这种单一的研究严重制约了中国古典文艺学、美学的研究。在胡经之看来，这种研究的现状必须改变。今天的古典文艺学、美学研究，应该从材料的整理与史的包围中突围出去，寻求新的研究路径。

胡经之曾经这样说过：

目前，对中国古典文艺学、美学史的研究已经达到了一定的水平，出版了很多高质量的专著。……而对中国古典文艺学、美学范畴的研究相对来说较为薄弱。虽然早在20世纪40年代朱自清先生就已经写出了《诗言志辨》，开始了中国古典文艺学、美学的范畴研究，但是，这种研究并没有持续下去。改革开放以来，我的师辈学者徐中玉先生对此下了工夫，王运熙、黄霖、汪涌豪等先生也曾花过心力。我也以为中国古典文艺学、美学确应从体系、范畴、方法三个方面作全面深入的研究，而范畴研究尤为重要，对"现代转换"关系最大。①

范畴的研究为什么重要？因为范畴之中有许多有价值的理论，今天完全可以转化成现代的理论，对建设有民族特色的现代文艺学、美学有所帮助。

胡经之与李健的《中国古典文艺学》对理论的深掘主要体现在以下几个方面：

第一，选取人们讨论较多但没有触及其核心价值的理论问题进行深入研究，考察它的理论价值。如对"文道"的认识就集中表现了这一点。文与道的关系是中国古典文艺学、美学史上长久讨论的话题，现代学者们在研究这一问题时，一般都将它与意识形态联系得比较紧密。《中国古典文艺学》并没有回避这一问题的意识形态特点，曾经花费笔墨来讨论文学对社会现实的终极关怀问题。但是，它讨论文学对社会现实的关怀是从怨、发愤抒情、穷而后工等情感问题切入的。这就获得了对这一问题思考的新视角。而最有意味的是对"道"的论述，《中国古典文艺学》认为，道既可是形而上之

①李健：《比兴思维研究——对中国古代一种艺术思维方式的美学考察》，安徽教育出版社2003年版，序第1—2页。

>> 学术生涯五十年(2003 年,谢维信校长主持)

道,也可是形而下之艺。庄子就将“艺”(技艺)当作“道”来看待,意味着通过一种美的现象的解释来揭示某种深刻的人生哲理和人生意趣。这就超越了传统对这一问题的认识,获得了一个看问题的新角度。再如,对“言志”与“缘情”的认识。《中国古典文艺学》将“言志”与“缘情”视为中国古代对文艺本质的双重规定,它们是两条相互交织的线索。“‘言志’和‘缘情’虽然都是对文学本质特征的言述,但是,侧重点不一样。‘言志’的具体表现是以‘志’统‘情’,‘缘情’的具体表现是以‘情’统‘志’。在具体的文学创作中,‘情’与‘志’时有交叉,经常互补,使得文学艺术的创作自始至终都保持着优良的传统:一方面描写生民疾苦,反映社会现实;另一方面也深入人的内心,探测人最隐秘、最真诚的世界。‘言志’与‘缘情’凸显了深刻的人文精神,它当然有资格立于世界文艺理论之林，成为一座不朽的丰碑。”①

第二，发掘人们关注不多而又确实有价值的范畴进行深入剖析，进一步揭示范畴与范畴之间的密切关系。在《中国古典文艺学》中，有不少人们熟悉而又陌生的范畴进入了主要问题序列，进而成了中国古典文艺学、美学的重要内容。如知音、趣味，《中国古典文艺学》是把它们作为接受环节的两个主要问题加以阐发的。在胡经之看来，知音作为文学艺术审美接受的一个重要范畴，它的题旨之下包括了知人论世、以意逆志、诗无达诂等重要的接受范畴，而在趣味的题旨之下，则包括了味外之旨、兴趣、意趣、韵等重要范畴。知音作为审美接受的一个重要问题，就这一范畴本身来说有些空泛，但是，它能涵盖其他范畴。知人论世是知音的最根本的原则，而以意逆志、诗无达诂则是知音的最基本的方法。这样，范畴与范畴之间的关系就相对清晰了。而趣味则不一样，趣味本身内涵就比较丰富，它题旨下的几个范畴都具有实实在在的意义。《中国古典文艺学》在揭示古代审美接受由“味”到“韵”的演进时，尤其分析了宋代范温关于“韵”的论述，在范温看来，“具备‘韵’的作品必须满足以下几个条件：1. 可以晓其辞，不可以名其美；2. 意多而语简，行于平夷，且不矜炫；3. 质而实绮，癯而实腴，初视若散缓不收，反复观之，乃得奇处。这实际上是欧、苏等人所倡导的平淡的审美趣味，从他们对陶渊明的推崇中能够明显看出他们的承继关系”。② 如此论述，不仅梳理了范畴的演进过程，而且还对这一过程中的变化进行了清理，从而更进一步揭示了古典文艺学、美学的价值。

第三，对古典文艺学、美学的范畴进行现代阐释。这是胡经之研究中国

---

①胡经之、李健：《中国古典文艺学》，第 110 页。
②胡经之、李健：《中国古典文艺学》，第 430 页。

古典文艺学、美学的最基本的原则。他反复告诫李健，研究中国古典文艺学、美学一定要有西方视野，对中国古典文艺学、美学范畴应进行现代阐释。《中国古典文艺学》对任何一个范畴的阐释，都有这么一个痕迹。如，对应感与风骨范畴的讨论，胡经之与李健不承认应感就是西方的灵感，也不承认风骨是西方的崇高，但是又强调它们在一些意蕴上可以对应。因为人类的文心相通，故而中西文艺学、美学可以相通，但无法通约。同时，胡经之还和李健商定，古典文艺学、美学范畴都是多义的，而且意义不在一个层面，在阐释的过程中，可只取这个范畴对我有用的一个层面的意义，其他意义在这一论题下可以忽略不计。这样，才能真正地找到古典文艺学、美学的宝藏。如对“韵”的研究就是如此，“韵”是一个创作论范畴，也是一个接受论范畴，但是，《中国古典文艺学》只在接受环节讨论它，创作论环节就不涉及。

三、古典新释有大用

胡经之的古典情怀并不是单纯的知识玩赏，而是带有强烈的使命感。他深知，中国现代文艺学、美学的发展遭遇到空前的困境，从大的体系到概念范畴都是沿用西方的。先学习苏联，后学习欧美。中国现代文艺学、美学的主导话语极少是中国自己的，尤其是古典文艺学、美学的话语。这不能不说是一个遗憾。而今天，中国的文艺学、美学要走向世界，与世界对话，依文艺学、美学的这种情状，该如何对话？因此，建立具有中国特色的文艺学、美学成为胡经之思考的焦点。实际上，他在开拓文艺美学学科时考虑的也是建立具有中国特色的文艺学、美学问题。而重释中国古典文艺学、美学，正是完善文艺美学的重要途径。

现代文艺学、美学为什么会出现这种尴尬的局面？原因非常复杂。《中国

>> 沪上讨教王元化(2003 年)

古典文艺学》将话语的失落归结为五四新文化运动对传统言说形式的改变：

五四新文化运动不仅仅改革了语言的表达形式,促使文言文消隐,白话文兴起;更重要的是,它在很大程度上改变了中国人的思维方式,由古代的那种较为单一的感悟式的具象思维发展成为今天的具象与抽象并存的思维。这是一种必然。在思维方式的转变中,汉语言说的概念术语也发生了转变。这些概念术语大多是沿袭西人的,有时,很难在中国古代的语境中找出与其相对应的概念。这就使得我们今天的以白话文语境为代表的现代文艺学趋于西化,丧失了古典的个性。①

①胡经之、李健:《中国古典文艺学》,第 32 页。

实际上，这段话背后还有一个潜台词，那就是政治意识形态对现代文艺学、美学话语构成的影响。而政治意识形态的影响作为起根本作用的因素要留待历史去评价。无论如何，五四新文化运动对中国传统文化发展的影响是负面的、消极的。这是中国古典文艺学、美学话语失去主流地位以致退隐的重要原因。

如何激活古典？在建设有中国特色的现代文艺学、美学中，如何发挥古典文艺学、美学的作用？胡经之认为，唯一的做法就是在现代的语境下重释古典，发掘其有价值的内容，切实将其现代化。这要从在当下仍有意义的古典范畴入手。《中国古典文艺学》这样写道：

> 中国古典文艺学对当今文学艺术创作和批评的指导意义还表现在一系列范畴的实际运用中，这些内容之多，难以例举殆尽。如形神、神思、风骨、比兴、意境等。由于这些范畴内蕴着无比丰富的内涵，我们今天的创作和批评仍摆脱不了这些问题。有的作为显性的批评话语在使用，如形神、比兴、意境等；有的则作为隐性的批评话语在使用，如神思、风骨等。①

既然古典文艺学、美学的一些理论内容今天并没有完全消亡，这就给古典文艺学、美学的现代阐释提供了一个基础。可以抓住这些显性和隐性的理论范畴进行深拓，在进行现代批评的过程中有意识地应用这些概念、范畴，久而久之，古典的范畴自然就成为现代的范畴，如意境、意象就已经是现

①胡经之、李健：《中国古典文艺学》，第 36 页。

代化了的古典范畴,它们的理论价值今天没有任何人能够否认。

胡经之还提出重释古典的基本原则:“中国现在的当务之急是使古典文艺学现代化,即在继承传统的基础上对它的概念范畴进行改造、消化,不一定严格按其在古代的意义来理解、使用,只要精粹不失即可。实际上,当下仍然活跃的古典文艺学的范畴、概念如意境、形神、虚实等已经超越古典了。”①不一定严格按照古代的意义来理解、使用,也就是适应当下的文学艺术发展实际,这是重释古典的原则。然而,问题是,如何才能保持古典理论的精粹?这是具体实践问题,在朱光潜、宗白华、梁宗岱以及港台和海外华人学者的研究中,有不少成功的典范,而《中国古典文艺学》也有不少有益的实践。比如,借助于形神理论来解说北岛的诗《守夜》:“北岛的诗歌表达了一种深沉的思维,展现了一个情感的世界,使人感到夜的安详、宁静,充满骚动。这里用了极不合逻辑和语法的词语搭配以展示思绪错乱了的时空。月光和睡眠怎会有谁大谁小的问题?可在这里却让人感到非常形象,确实达到了‘传神写意,妙入元中’的境界。”②可见,现代批评实践是古典文艺学、美学现代化的关键。如果在现当代文学批评中有意识地发掘一些古典范畴并恰如其分地运用,自然会加速古典文艺学、美学的现代化。这一行为本身就是重释,是当下应该提倡的。

重释古典有许多方法,其中一个重要的方法是互释,即让古典与西方互相阐释。这一点,胡经之在评价李健的博士论文时就曾经论述过:

论文虽然是一个古典文艺学、美学的论题,但并没有局限于古典,

①胡经之、李健:《中国古典文艺学》,第37页。
②胡经之、李健:《中国古典文艺学》,第36—37页。

更没有局限于中国，而是将比兴放置到整个世界的文艺学、美学的大背景中，进行中西互释……中西互释，意图不在比较，找出它们之间的优劣和异同，而在于运用它们的相似之处，体察中西文艺学、美学的相通的文心。当今的文艺学、美学研究必须要有西方视野，从西方的文艺学、美学研究中或得到某种启迪，或获取某种方法，这对推动我们的古典文艺学、美学研究会产生积极的作用。[①]

比较往往是刻意的，而互释则是自然的，是一种自然而然的说明行为。由于中西文艺学、美学的差异很大，比较往往着眼于差异，而互释则是发现了共同点，用西方的文艺学、美学观点来佐证。这是一种很有意思的研究现象。互释的目的还是发现价值，促成古典文艺学、美学的现代转化。

胡经之重释古典文艺学、美学，是着眼于古典文艺学、美学的大用，希望能依托中国古典文艺学、美学，构建具有民族特色的现代文艺学、美学的大厦。这一愿望非常真诚，理应得到学术界的尊重。

---

①李健：《比兴思维研究——对中国古代一种艺术思维方式的美学考察》，序第4页。

附 录

心向至美人生幸

——胡经之先生访谈录

胡经之，祖籍苏州，1933年生于无锡。早年参加进步学生运动，新中国成立后任无锡县学联主席，无锡县第一、二、三、四届人民代表，苏南首届政协委员。1952年考入北京大学中文系，在燕园蛰居三十余年，由本科—副博士研究生—助教—讲师—副教授而至教授，致力于文艺美学的学科建设。1984年，应深圳大学首任校长张维院士之邀，和汤一介、乐黛云同赴深圳大学创办中文系，后将中文系改为国际文化系，任系主任、特区文化研究所所长、深圳大学学术委员会副主任、人文社会科学委员会主任。著有《文艺美学》《文艺美学论》《中国古典文艺学》（与李健合著）、《胡经之文丛》等，主编《西方文艺理论名著教程》《文艺学美学方法论》等。先后被推为中国文艺理论学会副会长、中国中外文艺理论学会副会长、广东省美学学会会长、深圳市作家协会主席、深圳市文艺评论家协会主席等。受聘为《文艺理论研究》《中国美学》《文学理论前沿》等刊物的学术顾问。

一、美的追寻生活始

李健:胡先生,您好! 受《文艺研究》编辑部委托,对您的学术经历和学术贡献作一个访谈,以便对当今的学术研究与后学有一些启发。您是新中国培养出来的第一代文艺理论家、美学家,在北京大学学习、工作了三十多年。在您这一代学者中,您的文艺学、美学经历最为丰富,亲历和见证了新中国文艺学、美学的许多重大事件。您能否对您的学术兴趣与学术路径作一个简单的概括?

胡经之:方宁主编给我打了电话,让我配合你做好这个访谈。在我学术生涯60年之际,我也想对我的学术道路作一些反思。我的学术关注集中在文艺学、美学领域,但又不像有些学者那样专一。我受梁启超的“趣味主义”影响,治学常常从兴趣出发,不时想摸索一下新路,因而,常行走在探索的路上。对于后学者来说,也许可以从我的学术经历中吸取一些教训,不要学我。这也是一种借鉴。

我的研究大致有两类:一类是命题作文,遵命之作,无什么学术价值;还有一类则是真情投入,融进体验,这是我生命的体现。如果能把两者结合起来,既符合自己的兴趣,又完成命题任务,当然更好。但这种机缘不容易得到。

我的学术兴趣与路径大致是这样:起步于文艺美学,涉足文化美学,重拾中国古典文艺学,走向自然美学再思索,寄望于比较美学。

李健:从您的兴趣可以看出,您是把美学、文艺学放在一起进行探索的。那么,您怎么会对文艺学、美学发生兴趣,从而走上了融美学与文艺学为一炉的学术道路?能从您青少年时期所受的教育谈起吗?

胡经之:我之所以会走上这条道路,既受那个时代教育的熏陶,又为自己的兴趣所驱使。我少小接受教育的时代,正是五四新文化传统发扬光大之时。1912 年,蔡元培将美育纳入国家的教育方针之中,亲自践行美育。到三十年代,苏、浙、沪成了审美教育最发达的地区。美育影响了我的父辈与师辈,父辈与师辈又影响了我们这一辈。受美育的熏陶,我对审美发生了兴趣,先是自然审美,然后是艺术审美。

我出生在苏州和无锡交界的梅村,生长在小康之家,父亲胡定一在太湖周边当小学校长。我从小受的教育就是温、良、恭、俭、让。6 岁去私塾就读。私塾教习教的依然是《三字经》《百家姓》《千字文》,可受新学的影响,他又经常带我们到鱼池钓鱼,到竹林里爬竹竿。春天,他还带我们去附近"远足",回来后,自编自吟,教我们唱"三月三,清明到,去游山"。此时,我不知不觉地接受了自然审美。7 岁时,父亲送我到苏州城里的教会学校晟成中学附小上学,做礼拜时,我穿着白色的小礼服在学校的小教堂里演唱。小学三、四年级,我是跟着父亲接受教育的,他教语文,还开设"劳作""乡土""远足"等新课程。父亲不仅会拉二胡、弹琵琶、吹笛箫,而且还别出心裁,用木炭作画。可见,审美教育在那个年代已经深入到我上一辈的心中。

到我上高小的时候，父亲把我托付给他的好友陈友梅。陈老师教语文，用的是开明书店叶圣陶编的教本，配上丰子恺的画，充满诗情画意。有些课文，我至今不忘。如，“菜花黄，菜花香，蝴蝶飞过墙”；“星期天，天气晴，大家去踏青，过了一村又一村，到处是美景”。陈友梅擅长中国古典诗词，他讲诗词，声情并茂，每到最动人处，禁不住潸然泪下。这样的讲课场景，自然就刻在我的心灵深处。

进入初中，教我语文的老师叫何阡陌，毕业于武汉大学中文系。他讲解新文学作品，娓娓动听。最使我倾心的是他讲朱自清的《背影》，饱含深情，刻骨铭心。我从来没有体验到文学艺术的魅力可以达到如此神奇的境地。何阡陌是崇信“趣味教育”的老师，审美趣味非常广泛，中国的、西方的艺术都有所爱。当时，他的书桌上就放着一尊女神石膏像，这是我第一次见到并且知道它叫维纳斯女神。那时，梅村没有电灯，点的都是洋油灯。为了增强欣赏效果，他特地买了一支手电筒，从侧面照射雕像，非常美妙。受他影响，我也特地去无锡城里买了一尊维纳斯石膏像，放在家里的书桌上。数年后，我考上北京大学，把这尊雕像带到了北京。1984 年，我从北大来到深圳，雕像也随我而来，今天，虽然有些破损，仍放在书房的窗台上。想不到，岁月已经过去六十多年了。

李健：听到这里，我明白了，您在新文化美育精神熏陶下对审美产生了兴趣。然而，对审美产生兴趣，不一定都走理论探索之路，还要对理论产生兴趣才行。您怎么会对理论产生兴趣，能不能更进一层说说？

胡经之：先有审美爱好，然后才有理论思考。我在中华中学开始接触美学，最早是父亲给我买的朱光潜的《给青年的十二封信》，然后，是何阡陌老师送给我的《谈美》。这时，我才知道世界上还有一门专门研究美的学问，叫美学。1948 年，我初中毕业，考入无锡县师范学校，准备将来像父亲一样从事教育。说来也巧，师范一年级的语文老师竟然是陈友梅。入秋，陈老师从无锡城里买来朱光潜的《诗论》，让我也读一读。因此，我最早接触的美学是朱光潜的美学。朱光潜对艺术美的分析非常精辟，他把“意象”和“情趣”列为艺术的两大要素，“意象”和“情趣”相契合构成境界，这就是艺术。朱光潜在肯定艺术美的同时，却否定了自然美，使我感到困惑。朱光潜前期美学只承认艺术有美，自然就是自然，没有美不美的问题。因此，在朱光潜的美学中，没有自然美之说。他所说的“自然”，包括艺术之外的所有的现实事物，自然世界和人文世界的全部现实世界都不存在美，只有在人所创造的意象世界中才存在美。他的美学思想和我少小以来获得的审美经验相差太远。从我自己的审美经验出发，现实世界里怎么会没有美丑呢？在现实生活中，无论是自然现象还是人文现象不都激起我的美感吗？如果江南水乡不美，还值得白居易、苏东坡、范成大这样的大诗人流连吗？

读朱光潜美学引发的困惑，促使我想读更多的美学著作。可是，急剧变化的时势容不得我做些什么。解放军即将渡江，我投入了学生运动。17 岁当上无锡县学联主席，成为苏南首届政协委员。可到 1951 年春，我买到一本由苏南新华书店翻印的周扬编的《马克思主义与文艺》一书，如获珍宝，就在泰伯庙大殿的汽灯下认真读了起来。这是我第一次接触马克思主义文艺学，从而，激起了去大学攻读文艺学和美学的热情。1952 年夏，我以同等学力考入了北京大学中文系。我的审美人生从少小就开始了，但美学生涯却从北大开始。

二、治学之路坎坷多

李健：您的文艺学、美学系统学习和研究之路是从北大开始的。北大的兼容并包给各种人才的成长提供健康的土壤。据我所知,您走的这条路并不平坦。这恐怕要慢慢说。我想问的是,燕园的传统对您有怎样的熏陶?杨晦先生是您的恩师,他对您产生了怎样的影响?

胡经之:北大从蔡元培倡导美育开始,早有讲授美学的传统。可是,当我进入北大时,已经不开美学课程了,全校只有中文系开设的“文学概论”。1952年秋,我上的第一课就是“文学概论”,讲授此课的是中文系主任杨晦教授。我是学习委员,又被推举为“文学概论”的课代表,自然和杨先生的接触比较多。我的学术道路与杨先生的联系是非常密切的。

杨晦是五四老人,在蔡元培任校长时进入北大哲学门。他是新文化运动的积极参与者,曾参加沉钟社的文学活动,写作了大量的评论、散文和悲剧。他先后在多所大学教过书,在参加完第一次全国文代会后,就到北大任副教务长、中文系主任。担任我们这一年级“文学概论”课程时,先生才刚刚53岁,但已鬓发斑白,满脸沧桑。

杨先生给我们开了一年的“文学概论”,没有教材,也没有教学大纲。他讲的全是自己独立的思考和心得,古今中外,旁征博引。我清楚记得他曾经在课堂上发挥文艺的公转律和自转律的问题。依他之见,文艺围绕着社会公转,受社会的制约,服从社会规律,就像地球围绕太阳公转一样;但文艺又有自转的规律,就像地球自身在旋转一样。由此,他断定,文艺是由自律与他律合力作用的结果。杨晦的自转和公转而形成合力的理论,并不只是说说而已,而是运用它来解释五四以来的新文化运动的发展历程,到晚年,更把公转、自转之说和马克思主义经典作家所说的经济基础和上层建筑的关系学说联系了起来。杨晦的自转、公转说,对我后来研究文艺美学影响很大。由此启发,我把马克思所说的“美的规律”也分成三个层次:一是人类一切的创造活动,包括艺术的和非艺术的创造,都共同遵循美的规律。二是只有艺术生产才遵循的美的规律。三是不同的艺术门类，如音乐、舞蹈、文学等，又有各自的独特的美的规律。这是事物的自转、公转在普遍、特殊、个别中的具体表现。

晦师不仅是我的学术引路人，还是我人生道路的指点人。在我多次人生转折点上，都给了我切实的帮助，是更深层意义上的恩师。

李健：您进入北大的时候，正值全国院系调整刚刚结束，许多名师荟萃北大。您除了听杨晦先生的“文学概论”之外，还接触过其他什么人、什么理论？

胡经之：当时，朱光潜、宗白华、蔡仪都在北大，但都不开课。我想多学些理论，特别是现代美学，就先请教晦师。晦师要我先读蔡元培、梁启超，再读蔡仪，然后读王国维、朱光潜、宗白华。我一直想去拜访朱光潜，没有门径。1952 年入冬不久，我得了胃炎，在胃病食堂用餐。在这里，我遇到了周海婴。他也得了胃病。我们同桌吃了两年的胃病灶。他熟悉北大的情况，得知我想找朱光潜，就告诉我朱先生住在校医院后面的平房里，叫佟府。1953 年元旦，我就到佟府去拜访朱先生。一踏进小门走进小平房，我不禁大吃一惊，鼎鼎大名的朱先生怎么住在这又矮又小的破房屋里！这是我第一次见朱先生，头发已大半变白。他以一种警惕和怀疑的眼光看着我，冷冰冰地问我有什么事。我赶紧说明，我是杨晦的学生，给他拜年来了。他一听我是杨晦的学生，就客气地让我坐下。我告诉他，我读过他的《给青年的十二封信》《谈美》《诗论》，想多学些美学，请他推荐该读的书。朱先生抽着烟斗，边抽边说，他学美学是从王国维着手的。他要求我不妨先读王国维，再读吕澂、宗白华。说到自己的著作，他说既然已读了《谈美》，就可以读一读《文艺心理学》了。从朱先生家里出来，我心里一直有个疑问，北大的著名教授都迁入了燕东园和燕南园，朱先生在新中国成立前就很有名，怎么住在这破旧的地方呢？吃饭时和海婴说起此事，海婴知道内情，他告诉我，朱先生是思想改造的重点，已作过好几次自我批判，还没过关。他现今拿的是七级教授的工资，哪进得了燕东园、燕南园？那是一级教授才能进去的。

1953 年春节前，我突发急性阑尾炎，在北京人民医院动了手术，出院后住在未名湖边的均斋养病。海婴因为受凉胃出血，也住在均斋疗养。我们每天傍晚在未名湖散步，常遇见一位戴罗宋帽和棉手套的老人。一次，我大胆走到他面前，问他贵姓，他带着浓重的安徽话说：宗白华。我一下子就兴奋起来。原来他从南京的中央大学调到北京大学来了，还没有分到家属宿舍，暂住均斋旁的体斋。从此，我就经常去体斋向他请教。在这期间，我还去燕东园拜访过蔡仪。

1953 年到 1954 年夏，我除了正常听课之外，全部时间都泡在图书馆，查看晚清以来的中国现代美学资料，了解现代美学发展的大致状况。我做了不少笔记，想在以后陆续整理，写出毕业论文，题目都想好了，就叫《美学初起半世纪》。

李健：论文最终写没写出来？如果沿着这条路走下去，您是否会走上另一条学术道路？我们想知道，您后来的治学路径与您那时的关注点产生背离的真正原因是什么？

胡经之：对，是这样。材料都准备好了，当我准备动手写作的时候，情况发生了变化。那时，实际掌管教育部的党组书记、副部长钱俊瑞学习苏联的教育体制，为北大请了一批苏联专家协助北大建立教研室，准备推行学位制。为进行文艺理论课程建设，教育部一方面委托杨晦、蔡仪起草、制定“文学概论”教学大纲，另一方面又请北大开办全国性的文艺理论研究班，加快文艺理论教师的培养。

1954 年春天，苏联文艺学家毕达可夫来到北京大学，在文艺理论研究班主讲“文艺学引论”。文艺理论研究班由两部分人组成：一是从北大中文、西语、俄语等系高年级学生中选拔的优秀学生，二是从全国重点高校抽调的年轻教师。他们在研究班结业时必须提交结业论文。4 月份，文艺理论研究班开班，学生共有 15 人，其中，西语系 8 人，俄语系 2 人，中文系 5 人。我认识的有乔福山、赖应棠、王家骏、潘家森、石汝祥、谭令仰、李学娴、弓惠英等。从全国各重点高校抽调的文艺理论的骨干教师有：复旦大学的蒋孔阳，陕西师范大学的霍松林，武汉大学的王文生、胡国瑞，云南大学的张文勋，山东大学的吕慧鹃，中山大学的邱世友，厦门大学的蔡厚示，南京大学的杨咏祁，西北大学的郝御风，东北师范大学的李树谦等。由于毕达可夫不通汉语，全程用俄语讲授，北大专门派了霍汉姬、李广仁翻译，因此，讲课的时间将近一年半。

我当时是即将升入三年级的学生，没资格参加这个班。因为喜爱文艺理论，杨先生特许我去旁听，但是，要按照正式学员的要求来对待，必须写结业论文。杨先生还对我作了特别交代：文艺理论是从实践中来的，中国有自己的文艺实践，苏联的文艺理论只是作为我们的参考，不能照搬，还是要总结自己民族的东西。晦师从苏联专家来校后，就再也不讲“文学概论”了，而转身去研究中国文艺思想史。毕达可夫的课 1955 年夏就结束了，而文艺理论研究班一直延续到 1957 年 4 月才算结束，因为正式学员要完成结业论文。当时，系里给我分配的指导老师是钱学熙教授。1955 年 8 月，我提交了我的结业论文《论文学的人民性——兼论现实主义和浪漫主义》。

由北大开办、毕达可夫主讲的文艺理论研究班，对当时的文艺理论产生了极其深远的影响，也改变了我的学习方向，我由对中国现代美学的关注转向文艺理论，转向苏联。

李健：您的描述是第一手、直接的观感，使我们了解了中国现代文艺理论史上的一个重要的事件。那么,接下来我想问的是,苏联文艺理论对您产生了怎样的影响?

胡经之:客观地讲,影响很大。它使我懂得了研究文学艺术必须将之放在整个社会结构中作宏观的考察,而不能对文学艺术作孤立的研究。毕达可夫的课对我最大的影响还在于:它使我密切关注苏联文艺学在斯大林之后的发展。即使跟随晦师攻读副博士研究生,把关注点一度转向了中国文艺思想史,但我始终密切跟踪苏联审美学派、文化学派的走向和足迹。

李健:您攻读文艺学副博士研究生,是您人生道路上的一大转折。这一时期,中国文艺学、美学经历的事情很多,如美学论争、《红楼梦》批判、现实主义与浪漫主义讨论等。您那一时期在思考什么问题?都经历了些什么?

胡经之:在攻读副博士研究生时,我选定了我的学术方向,那就是想从美学上来研究文学艺术。钱俊瑞离开教育部之前,确定了一个重大举措,在北大、复旦等名校试行副博士研究生制度,1956 年开始招生,四年制,通过合格论文之后授予副博士学位。北大的杨晦、钱学熙被授权招收文艺学副博士研究生,从全国招了 3 人,我是推荐免试。这届研究生本应 1956 年秋天入学,由于北大没有安排好宿舍,延期到 1957 年春。晦师先安排我当他的助教,然后,进入中国文艺思想史的研习。我从孔子、庄子等着手,阅读古典原著,边读边写读书笔记,将近两年,以致躲过了那场“反右”政治运动。毕达可夫上完“文艺学引论”之后,晦师叮嘱我:苏联的文艺理论要学,但不能断了中国古代文艺理论的传统。究竟今后我的学术方向在哪,自己还不十分清楚。

1958 年秋天,正当我思索如何选定毕业论文之际,晦师把我叫到他家里,说周扬等人要来北大开设“建设马克思主义文艺理论”系列讲座,他和冯至、曹靖华、季羡林、魏建功商定,决定组织中文、俄语、西语、东语四系的高年级学生来听，要我担任周扬的助教。为此，我去了周扬在沙滩北街的住所和中宣部数次，并有机会向周扬当面请教。周扬一个人讲了两讲：第一讲“建设马克思主义美学”，第二讲“文艺与政治”。第三讲是邵荃麟讲的“文艺与现实”，第四讲是何其芳讲的“文艺与传统”。本来林默涵讲第五讲“文艺与人民”，张光年讲第六讲“文艺与批评”，由于后来国内的关注点转向批判国际“修正主义”，林默涵和张光年就没有来讲。这个讲座影响很大，不仅校内的朱光潜、宗白华、杨晦、季羡林等来听，北京、上海的几家著名报刊还来跟踪采访。

周扬在北大的讲座，对美学学科的发展起了推动作用。北大在次年正式成立了美学教研室，把朱光潜从西语系调入。周扬倡导建设马克思主义美学，对当时正在进行的美学大辩论也是一种促进。这场美学争论从朱光潜的《我的文艺思想的反动性》开始，持续长达六年。在陆定一代表党中央阐明了“百花齐放，百家争鸣”的方针之后，朱光潜与时俱进，不断反思，受到校长马寅初、副校长江隆基的肯定。江隆基提名朱光潜为哲学社会科学学部委员，引起争议。陆定一决定搁置争议，要求立刻提高朱光潜的待遇和地位。很快，朱光潜被增补为政协委员，从七级教授恢复为一级教授，从佟府迁居到燕东园27号楼上。朱先生和我坦率地谈起，听了周扬的讲座之后，感触颇深。他不想再在心理学的狭窄范围内谈文艺了，而要提升到马克思主义哲学的高度，想围绕艺术是一种生产劳动、是掌握世界的特殊方式的问题写些文章。果然，不到一年，他就在《新建设》上发表了一篇长文《生产劳动与人对世界的掌握——马克思主义美学的实践观点》，较为系统地论述了他学习马克思、恩格斯经典著作后对艺术的新见解。

李健：我知道，周扬倡导建设马克思主义美学，对您的学术研究也产生了很大的影响。有一阶段，您非常热心文艺批评，发表了不少论著。照这条路走下去，前途也应该一片光明。可是，您为什么没有沿着这条道路走下去？

胡经之：周扬强调以马克思主义为指导来解决当前文艺实践中的问题，我当即付诸实践，积极参与革命现实主义与革命浪漫主义两结合的讨论，发表了系列论文，出版了《谈谈〈野火春风斗古城〉》。当时，严家炎、王世德和我都被张光年聘为《文艺报》特约评论员。那时，不断有人来约稿，要我"遵命"评书。我扪心自问：我适合作文艺批评吗？要不要学李希凡走文艺批评之路？

在那个时代，"南姚北李"大名鼎鼎，已成为榜样。李希凡在《人民日报》文艺部供职。我们都是《文艺报》特约评论员。《文艺报》开会，北大离得太远，我就乘车先到《人民日报》文艺部坐一坐，和李希凡聊聊。我感到他为人爽朗、直率、坦诚。但是，我却听到不少包括我的师辈在内的老一代学者对他的微词。我在何其芳家里听他说过，李希凡十分气盛，太自信，有些武断。吴组缃说，李希凡的文章有点像把马克思主义当作一把刀，一刀一刀地把文学作品割散，不太顾及艺术形象的整体。1959 年元旦，我还在陆定一家里听他说过，美学界的争论要比批判《红楼梦》研究心平气和一些，李希凡批俞平伯，少年气盛，说理还不够，语调也过分激烈。我和严家炎、王世德去燕东园晦师家上课，晦师好几次郑重其事地对我们说："你们要好好做学问，不要学李希凡、姚文元，动不动就批判别人。"晦师反复向我们灌输，副博士是要培养踏踏实实做学问的人，不要我们走李希凡、姚文元的道路。我开始琢磨，老一辈学者为什么对"南姚北李"如此反感呢？当时，我对晦师的教诲领会不深，不走李希凡、姚文元的路，走什么路呢？我还没有想好。后来，我从周海婴一次无意中说出来的事件中，领会要走什么路。

那时，海婴已经留校任教，住在未名湖旁的镜春园 78 号。有一天，他来找我，要和我一起去中关园看望章廷谦（川岛）先生。章先生是鲁迅的同乡、好友，教过我写作课，我们交往颇多，所以，海婴要我一起去。那天，在闲聊中，章先生说起一件事：他不久前听别人说，王蒙的《组织部新来的年轻人》一发表，李希凡就写文章批判，扣了一个大帽子，称是用小资产阶级思想改造党。可毛主席反而批评李希凡，说他不是平心说理。川岛问海婴是不是有这回事。海婴虽不在文艺界，但许广平在上层，消息灵通。海婴说确有此事。毛主席说《组织部新来的年轻人》写正面人物没有反面人物生动，有缺点，但不能完全否定，不能用教条主义批判作品。毛主席还交代《人民日报》社的领导，说李希凡不大了解基层生活，不适合在报刊工作，还是劝他回学校，边教书，边研究。可李希凡很自信，上书毛主席，表示还要在《人民日报》工作。海婴说此事是无心的，可我听了触动很大。我感到李希凡对文艺批评一是真的爱好，有兴趣，二是有自信，真认为自己是从马克思主义出发的，所以敢坚持。我马上联想到自己，像我这样不了解社会的人，对批评的兴趣本来就不大，对马克思主义虽心向往之，但不自信自己的观点就是马克思主义的，所以，还是在学校里教教书、研究点学问算了。这以后，我就逐渐向李泽厚、蒋孔阳的为学之路靠拢。当时，李希凡的名声要比姚文元大多了，我还分不清李希凡和姚文元走的其实不是一条路。姚文元批判别人，是为政治上向上爬，进入政治斗争。李希凡的文艺批评还是有研究学问的底气的，写的是他的研究心得、真实见解。

一旦有所领悟，我就全心投入副博士论文《为何古典作品至今仍有艺术魅力》的写作。

李健：我曾经读过您的这篇文章，发表在1961年的《北京大学学报》上，篇幅很长。这篇文章运用的是美学的视角，集中表现了您早年的文艺理论、美学思想。可以说，是您进入北大后尝试从美学上来探索文艺问题的一个实践。我在读过您这篇文章之后,感觉这篇文章与您后来所倡导的文艺美学的观念是相承接的。是不是这样?

胡经之:确实如此。这是从美学上来探索文艺的一次尝试。马列引导方向,解决中国问题,成为我以后学术研究的基本路向。这篇论文定题是导师杨晦同意的,同时,我也征求了周扬的意见,最后,又请教了朱光潜先生。我一直关注当时的美学大辩论,总的感觉,解决不了美究竟是什么的问题。要进一步推进美学研究,就要追问更高层次的问题:什么样的劳动才能创造美?按美的规律才能创造美,不按美的规律就创造不出美。那时,我非常关注苏联的审美学派、文化学派对艺术的研究,我感到他们已经深入到艺术的真、善、美的关系问题。我从中国古典作品的实际出发,看到在不同类型的作品中,真、善、美的重心是不同的。所以,有"真"的文学,也有"善"的文学和"美"的文学,但都具有美的特征。后来的文艺美学,是接着这篇论文的基本思想继续探索。那时,我还没有意识到要发展文艺美学。

李健:1961 年刚留校不久,您就被抽调到中央高级党校参加蔡仪主编的全国高校教材《文学概论》的编写,能参加这个大的工程,对您来说,是一大幸事!据我所知,这个教材是周扬主抓的。在党校,有没有您所经历过的特别的人和事令您终生难忘?

胡经之:研究生毕业留校不久,我就赶上了这个好时机,参加蔡仪主编的全国高校教材《文学概论》的编写。我在中南海听陆定一说,这是当时的总书记邓小平在书记处会议上做出的决定,指定周扬具体负责落实、执行。那时,三年困难已经开始,小平说要让一些知识精英积极休养生息,把他们集中起来,编出一些文科教材。周扬积极性很高,从社科院、教育部、重点高校抽调三人组成领导班子,请冯至做他的副手。

刚过"五一",我就到中央党校向蔡仪报到。中央党校条件较好,《文学概论》编写组和唐弢任主编的《中国现代文学史》编写组住一栋楼，王朝闻任主编的《美学概论》编写组住在旁边一栋楼。唐弢、樊骏、严家炎、李泽厚、杨辛、刘纲纪、于民、叶朗、李醒尘已相识多年，马奇、齐一、洪毅然、周来祥、刘宁、朱狄等几位是新识。最使我难以忘怀的是在这里认识了王朝闻。他高度的审美鉴赏力和审美的敏感，令我敬佩。在那两年多的时光里，我常在晚饭后跟随他散步到颐和园，一路上就听他说他对所见所闻的审美感受。傍晚七、八点钟，夕阳西下，晚霞满天，游人已回到城里，只剩下我们这些编书者在作美学散步。其情其景，长久留在我的脑海之中。二十年后，王先生在给已落户深圳的我写信时还说道，那一阶段是他一生最轻松、愉快的日子。他对生活中美好的东西都持一种兴致勃勃的心态。有时，我们散步经过露天剧场，正在放映一个什么片子，他一看是有兴趣的，就坐在石凳上，一直看下去。有一次，我们在长廊里碰见红线女带着女儿在散步，王朝闻就问起她正在排演的粤剧情况，然后滔滔不绝地谈起川剧艺术处理的绝妙，红线女聚精会神地听，只好让女儿先回园内的住处。

李健：这部《文学概论》教材对中国的文艺理论影响很大，在改革开放之初的那几年，全国很多高校采用了这部教材。中文系一年级的学生进校就读。您是教材的编写者之一，您如何评价这部教材？

胡经之：《文学概论》六十年代编好，一直到 1979 年才出版，到 1984 年，已经印刷了一百多万册。我在北大开设“文学概论”，当然使用这本教材。但我一上来就对学生说，这本教材是六十年代初编的，已经陈旧。

陈旧在哪里？整本教材的基本思路还是在阐释文艺为政治服务。这个基本思路当初是周扬定的。可周扬在 1979 年的全国文代会上所做的报告，已经不提文艺为政治服务了。还有，主编蔡老有意回避从美学上来谈论文艺，在编写的过程中没有吸取美学争论的积极成果，更没有吸取苏联审美学派、文化学派的理论成果。但是,这不能怪罪蔡老。蔡老也有苦衷。在六十年代,蔡老的学术志趣还在美学。他四十年代就写了《新艺术论》和《新美学》。1953 年起,他在中国科学院文学所任职时,研究重心一直在美学。可是,周扬没有让他担任《美学概论》主编。原因何在?社会上说法很多,有种种猜测。我从张光年那里听到一种说法。周扬本来是要张光年当《美学概论》主编的,张光年百般推托,最后脱身。光年说,他《文艺报》一大堆事,哪里坐得下来做学问!更何况,美学争论了好几年,各吹各的号,都称自己是马克思主义。编教材就要统一,怎么统一?周扬也很为难,不能让美学争论中的任何一方如朱光潜、蔡仪、李泽厚担任主编。王朝闻没有参与美学争论,由他来统一最好。我个人还是比较相信张光年的说法。

周扬一直过问《文学概论》《美学概论》的编写,对《文学概论》关注更甚。他从主管意识形态的使命出发,要求《文学概论》能更多地贯彻文艺为政治服务的精神。若按蔡仪的思路,《文学概论》应该阐述的是文学的基本原理,文学的一些相对稳定的普遍规律。但周扬则希望《文学概论》要突出社会主义文学的独特规律,如何为政治服务。蔡仪感到很为难,不知如何处理。他曾提出了两个写作方案,一是《文学概论》的方案,另一个是专论毛主席延安讲话精神的方案。这两个方案送到专家讨论会上,最后,由周扬拍板,还是集中精力编好《文学概论》,延安讲话精神要贯彻到《文学概论》中。周扬主张,文学概论可分为三大编:文学发展论、文学创作论、文学鉴赏论,但在总结时,又说尊重主编意见。专家讨论会之后,蔡老感觉压力很大,主要是如何把讲话精神贯彻全书。蔡老常说,文艺理论比美学变化大,不容易把握。他最想研究美学,却要他编《文学概论》,这使他左右为难。他还是尊重周扬的意见,尽力体会周扬的意图。所以,这本《文学概论》是蔡仪文艺思想和周扬文艺思想调和的结果,是当时历史的产物。

三、文艺美学试起步

李健:1980 年 6 月,您去昆明参加首届全国美学会议。正是在这个会上,您提倡发展文艺美学。您是怎么想到这个问题的?为什么在那个时候提出发展文艺美学?

胡经之:昆明会议是新中国第一次美学的盛会,国内众多知名学者都参加了这次会议。在这次会议上,成立了中华全国美学学会,84 岁高龄的朱光潜当选为会长,周扬被推为名誉会长。针对高校从事美学教学与研究人员众多的实际情况,专门成立了全国高校美学分会。在全国高校美学分会成立的会上,我建议,高等学校的文学、艺术系科不应该停留在讲授哲学、美学原理上,而应开设文艺美学。我简单谈了我对文艺美学的看法。这一建议得到与会学者的热情回应,也受到朱光潜、伍蠡甫、洪毅然等老一辈美学家的热忱鼓励。

倡导文艺美学的想法并不是我一时心血来潮。那时,我讲“文学概论”,深感蔡老主编这部教材赶不上时代的需要了,决定开一门新课。我给这门课取名为“文艺美学”。这是受台湾学者王梦鸥《文艺美学》的启发。1976 年,我读到这本书,书名给我留下深刻的印象,既符合实际,又有中国特色。我想把文艺美学从文学扩展到其他艺术,把文学和其他艺术放在一起研究。在提倡发展文艺美学时,我并没有想到要以文艺美学取代其他美学。我深知,美学研究的是一个广阔的领域,是文艺美学无法涵盖的。我之所以在 20 世纪八十年代初提出发展文艺美学,还因为那时学术研究开始步入正轨,北大鼓励教师开新课,在讲堂上宣讲自己的研究成果。

李健:1981 年,您在北京大学招收硕士研究生,方向是文艺美学,听说报考非常火爆。能谈谈当时的情况吗？在北大，您是如何开展文艺美学的教学与研究的？

胡经之：高考恢复后，北大开始实行新的学位制度。晦师招了第一届文艺学硕士生，接着安排我招第二届。我和他商量，我不招文艺理论，新辟一个方向就叫“文艺美学”。他欣然同意。我和研究生招生部门商量，在招生简章中增加“文艺美学”这一专业方向。北大正鼓励学科创新，当即同意，上报给国务院学位办，并得到批准。1981 年，新一届硕士研究生开始招生，文艺美学方向报考人数竟有 98 人，却只有 2 个名额。考试成绩出来之后，我发现优秀考生很多。可是，名额只有 2 个，怎么办？这让我非常为难。招生办给我增加了 1 个名额，最终，文艺美学录取了 3 人，即王一川、陈伟、丁涛。他们是文艺美学方向的第一届硕士研究生。此后，我又陆续招收了王岳川、张首映、王坤等。我到深大之后，招了十届文艺美学博士生，他们研究的范围不限于文学，广及其他艺术领域。

文艺美学之所以引起这么多的学生和年轻学者的兴趣，主要因为时代发生了变化，国人急需开阔视野，拓展思路。文艺美学是从美学上来研究文学艺术，把文学作为美的艺术的一种放在艺术系统中来思考，而不是孤立地考察文学。文艺美学的核心问题是研究文学艺术如何按照“美的规律”创造出“艺术之美”。我对文艺的研究始终围绕着怎样才能按照“美的规律”创造“艺术之美”。我连续发表了《文艺美学是什么》《文艺美学及其他》《文艺美学：对文学艺术的系统研究》等文章，甚至还写了《比较文艺学漫谈》，都是在说，文学艺术应该按“美的规律”来创造“艺术之美”。艺术美和自然美、人文美有同也有不同，文艺美学应该研究文学艺术不同于自然美、人文美的独特之美。

李健：文艺美学学科的发展今天看来令人欣喜，取得了很大的成功，可是，您却常说，您的《文艺美学》一书只是您在文艺学和美学之路上的一种尝试。在这一尝试的过程中,有特别令您欣慰的地方吗?

胡经之:我从上世纪五十年代初期走上文艺学之路,到八十年代初才明确倡导文艺美学,只是起步,并没有构建完整的思想体系。在北大讲了两三次"文艺美学"后,出版社急着要我把讲稿整理成书,收入"文艺美学丛书",我觉得还不成熟。一直拖到 1988 年,在王岳川的帮助下,才把《文艺美学》交给北大出版社出版。书出版后,很多高校指定它为文艺学研究生的必读书,重印了好几次。1998 年,北京大学出版社为迎接北大百年校庆,从已经出版的"文艺美学丛书"中挑选了十本作为"北京大学文艺美学精选丛书"再次出版,《文艺美学》被选中。我作了较大的修改,增加了五六万字。再版后,又重印了几次。

美学热消退之后,文艺美学在多种学科中能作为文艺学的一个专业方向被肯定下来,我已经很满意了。让我感到欣慰的还有一点,朱立元和美国美学家布洛克早在九十年代就想把中国新时期的美学介绍到英语世界,他们合作编选、翻译了《中国当代美学家论著选》,在纽约出版。《文艺美学》讨论艺术形象的一章也被收入了。此章八十年代初曾以《论艺术形象》为题发表,后被收入中国社会科学院文学所编的《中国新文学大系》。新世纪初,人民教育出版社新编了高中语文教材,从《文艺美学》中挑选了谈艺术虚实的一节,收入高中《语文》第三册,这意味着文艺美学进入高中课堂。文艺美学正在走出文艺学的圈子,受到圈外人的青睐。2009 年春节前夕,我收到了一位素不相识的工程师的特快专递,寄的却是我的《文艺美学》,书中附有一封短信:"拜读《文艺美学》,就如'从山阴道上行,山川自相映发,使人应接不暇'。沏一杯淡茶,书卷在手,时有问道解惑、豁然开朗的好心情。……近日重品,遥想您举重若轻的风采,虽不能至,心向往之,不禁妄生冒昧之念,托付鸿雁,奉上尊著,恭请题词,以感谢您所赐那一片可贵的清心天地。"我非常珍视这些读者的感受。

李健:在您看来,今后的文艺美学应该如何进一步发展?

胡经之:从倡导文艺美学至今,三十多年过去了,文艺美学仍在继续发展。新世纪初,教育部在山东大学成立了文艺美学研究中心,为的是进一步推进文艺美学的研究。文艺美学应与时俱进,与当下的文艺实践密切结合。我相信文艺美学仍大有可为。

我在多种场合都说,我当初开课、写书之所以命名为"文艺美学",是受台湾学者王梦鸥的启发。后来,杜书瀛告诉我,在王梦鸥出书之前,台湾好几所大学开过"文艺美学"课程。我当时就猜想,是不是在新中国成立前有些人听过朱光潜、宗白华等开设的美学、艺术学的课程,到台湾后,继承了他们从美学上研究文艺的传统。当时,我没有看过李长之的著作,因为李长之被划为"右派"后,他的著作被列为禁书,直到前几年,才重新出版。读过他的书后,我才知道,他早在 1935 年写的《论文艺批评家所需要之学识》一文中就已经提出了文艺批评家要学一门专门的知识叫"文艺美学",到 1942 年,又进而把"文艺美学"称之为"文艺体系学"。他虽然把"文艺美学"定位为研究文学,但已明确"文学并不与其他艺术绝缘",要把文学和其他艺术联系起来研究。这一发现,使我一方面羞愧自己孤陋寡闻,另一方面也深感兴奋。这说明我的前辈学者早已倡导过文艺美学,台湾学者确实受到大陆老一辈学者的影响。同时,这也说明自五四新文化运动以来,就已有了文艺美学的传统,八十年代只是重建而已。

四、文化美学初涉足

李健:1984 年,北京大学已经成为文艺美学的重镇,您的学术地位也在日益提升，可是，就在您学术事业辉煌的时候，为什么选择去了深圳？

胡经之：我去深圳是受邓小平第一次南方讲话的召唤。1983 年，深圳创办了深圳大学，首任校长是清华大学副校长张维。1983 年冬天，张维约请汤一介和我到清华园会面，他开门见山，说深圳创办了深圳大学，要办中文系，想请我和乐黛云去筹建，请汤一介筹建国学研究所。当时，我们都不认识张维，是钱穆之子钱逊推荐的。钱逊是我和老汤的朋友。张维说，三个人可以轮流，半年由汤一介、乐黛云夫妇坐镇，半年由我镇守。这样，每个人半年在深大工作，半年在北大照样开课、带研究生。他说，希望我们去深圳用新办法发展新学科。

就在这次会面后的几天，1984 年 1 月下旬，邓小平南方讲话，对深圳创办特区的举措给予肯定。不久，我的一位在教育部任职的学生告诉我，小平回京后就吩咐有关领导，一定要把特区办好，做好两件事：一是建设好大亚湾核电站，二是办好深圳大学。那里究竟怎么样？我和汤一介商量，春节后亲自去看一看。

不久，我参加了北大比较文学研究中心的一个会议，会上，征询了季羡林和杨周翰两位的意见，他们都说这是好事，在那里建立一个国际文化交流的平台，一南一北，相互连通。改革开放之初，虽然允许中外交流了，但是困难重重。那时，海外学者要到北大，都是先到香港，再转深圳，然后再到北京。所以，深圳的地位很重要，在那里能筑建一个国际文化交流平台最好不过了。

可是，春节过后我们却没有走成。汤一介总有忙不完的事。正好，中华全国美学学会 4 月份要在厦门召开第二届学术研讨会，邀我参加。我从北京飞到厦门，从厦门到深圳。我到深圳正是五一放假期间。深大筹建处在原宝安县政府的院子里，一栋简陋的二层楼。在临时搭建的铁皮房里吃饭时，正好遇见了李泽厚、蒋孔阳、刘纲纪，他们也到深圳考察来了。他们听说我和老汤夫妇要到深大来，都说好。李泽厚说，这里离香港近，正是国际文化交流的好地方。蒋孔阳知道我正在为国家教委主编西方文艺理论教科书，就补充说，香港大学和中文大学图书资料丰富，特别是外文资料，国内很难见到的，这里却有。

我回北京和老汤一说这里的情形，就迅速做出去深大的决定。1984 年 9 月，张维校长带着我们一行来到深大。在中文系成立大会上，我们迎来了特地从香港赶来祝贺的国学大师饶宗颐，从此开始了我和香港学者的交往。

李健：前面说过，您和北大的一些知名学者都希望在深圳建立起国际文化交流的平台，这也是您来深圳的重要目的之一。请问，围绕着国际文化交流，您都做了些什么？

胡经之：我和老汤、乐黛云的想法比较一致，都想借助深圳的地域优势，推进国际文化交流。那时，海外学者要到北京，必须经过层层审批，在北大开国际学术会议很难。可海外学者到深圳很容易，当时是特区特办，凭到香港的签证，就可以到深圳去旅游或考察。凭借这种优势，到深圳大学的第二年，我和乐黛云就张罗了一个比较文学国际学术会议，迎来了包括港、澳、台地区在内的许多学者和日、美、英等国的比较文学学会主席，成立了中国比较文学学会，选杨周翰任会长，季羡林为名誉会长。不到半年，汤一介又在深大张罗了一次国学研讨会，美国的杜维明、上海的王元化、北京的庞朴等来参加会议。到了 1986 年，我在深大举办了一次规模更大的海外华文文学国际研讨会，除了香港、澳门、台湾地区的许多作家、学者之外，还请来了东南亚好几个国家和美国、加拿大、澳大利亚、法国、荷兰、比利时等国的华人作家、学者。这是我们做的实事。

李健：深圳大学是年轻的大学，您从中国最古老、知名的高等学府来到这所年轻大学，对您的学术走向有没有影响？如果有，表现在哪些方面？

胡经之：当然会有影响。然而，我认真反思一下发现，既有变的一面，也有不变的一面。不变的是我在北大三十多年培养的学术志趣，面对万事万物，喜欢从美学上去评价。变的是从美学上评价对象的关注点发生了变化。我到深圳之后，文化视野开阔了。“漂泊京都数十年，半生尽染书卷气；到此放眼新世界，方知尚有新天地。”这是我的真实心态。三年之后，我想在这里安居乐业了。北大成立了比较文学研究所，任命乐黛云为所长，老汤又和张岱年张罗成立了中国文化书院，他俩就回北大了。中文系主任严家炎也动员我回北大，带头申报博士点。因为是同窗好友，我实话实说，我在深圳身体好，在北京不行，不想再回北京了。我对他说，你可以把王岳川留下来，继续发展文艺美学。正是在严家炎的帮助下，我才离开北大。这是我人生的一大转折。来到深大之后，我的学术关注更多地转向了当下现实，必须回答现实中出现的新的文化现象。要回答现实问题，就必须具备国际视野。我到深圳养成了这样的学术思维定势：国际视野，中国问题。

李健：2004 年前后，国内掀起一股文化热，文化研究成为一个时髦的话题。文艺学、美学研究也受这股思潮的影响，产生了一场比较大的争论。国内学术界已经注意到，您在此时提出要发展文化美学，是不是表明您的学术志趣发生了变化？文化美学和文艺美学是什么关系？您为什么在此时倡导文化美学？

胡经之：倡导文化美学，并不是否定文艺美学，而是要拓展文艺美学。我倡导文艺美学时，眼光还在注视着中国古典，还来不及追踪当下的文化现象。到深圳后，文化视野扩大了。我感到，美学应更多地关注新的文化现象，给予阐释。

1995 年，在深圳大学召开了第一次国际美学会议。在会上，我和香港的学者交谈,颇有感触。香港中文大学的王建元教授本来在台湾研究美学,以彰显"崇高"、"雄浑"而著名。不料,此次见面,他说到香港后再也不研究这些抽象的美学了。他要跟踪香港的文化足迹,研究迪斯尼乐园这种文化现象。我一听,他不就是去做文化研究吗?可是,香港中文大学哲学系的刘昌元教授却对文化研究不屑一顾。他说,他还要维护正宗美学。他俩的对立,引发了我的反思,难道这两种学术倾向一定要势不两立吗?结合国内的情况,我觉得应该而且可以把这两种发展趋势结合起来,发展为一门新学科:文化美学。在我心中,文艺美学和文化美学并不矛盾,文化美学是文艺美学的发展,反过来,又可促进文艺美学的深化。

我倡导文化美学,不是凭空而说,而是有感而发。我到深圳后,接触大量内地没有的文化现象。深圳刚建电视台,只能播放新闻,转播香港的文艺节目。那时,香港有一个英文台,每晚播汉字幕的电影,播放的都是近一二十年来得奥斯卡金像奖的影片,在北京是看不到的。我看了竟有一百多部。1986年初春,我第一次跨过罗湖桥去香港中文大学新亚书院,在山顶上住了一个多月,开始与研究香港文化的学者交往。他们告诉我,香港文化的主流是大众文化。这使我大吃一惊:大众文化、通俗文化怎么会成为主流文化?他们说,精英文化在大学殿堂占绝对优势,大学里还是崇尚高雅文化,学者、教授在香港的地位绝对比影视明星高。这种文化现象引起了我的兴趣。我也开始读琼瑶、亦舒和梁凤仪的小说。我惊异地发现她们能把爱情写得如此惊心动魄,渐渐懂得了大众文化为什么能成为香港文化的主流。后来,我又听了邓丽君、梅艳芳、蔡琴等人的演唱,与内地的歌唱家的演唱不一样,觉得也有审美价值。2002年,就写了一篇长文《焕发新审美精神》发表,在社会上产生了一些反响。

李健:在我印象中,这篇论文的写作正是国内大众文化刚刚兴起之时。

您呼唤中国文化要健康发展，需要及早注意大众文化、精英文化相互促进，相互提升，大力发展雅俗共赏的主流文化。您的意思是不是要及早从全局考虑，形成大众文化、精英文化和主流文化的良性循环？

胡经之：是这样。大众文化必然要发展，首先必须及早扶持精英文化，以精英文化引导大众文化的提升，发展为雅俗共赏的主流文化。大众文化、通俗艺术的兴起，推进了审美现代性的新变，成为审美文化的新维度。如今，主流文化、大众文化、高雅文化已三足鼎立。在审美文化的发展过程中，三者既分立，又互动，相互作用，彼此影响。

然而，当今社会出现的大众文化本身又与主流文化、精英文化密不可分，在具体对待的过程中难以界定。这些文化，有些具有审美素质，有些不具有。对这些，我的态度非常鲜明：对那些不具有审美素质的文化现象，研究者应该以研究社会和批判现实的态度来对待。这也是一种学术行为。这种行为的目的，表面上是给社会发展提供一种参照，给政府决策提供一种依据，与审美无关，但是，它们与审美的关联是隐性的、内在的。任何文化现象都可能具有美的成分。大众文化和主流文化、高雅文化相比，具有世俗性、娱乐性、流行性的特点，它从日常生活的审美中提炼出新的形式，又回归日常生活，引发大众体验生活的乐趣。因此，大众文化中包含着美的成分，能够成为文化美学的研究对象。既然文化美学的研究对象是整个文化，还应该包括主流文化、高雅文化。一个时代不可能没有主流文化。这种文化承载着国家的公共利益，担负着对国民思想进行引导与教育的使命。主流文化并不一定是审美文化，其中有审美的，而更多的是非审美的。无论是审美的主流文化还是非审美的主流文化，都是人们需要的，都应该纳入文化美学的研究范围。

高雅文化是文化中的精品，它是对大众文化、主流文化的超越，审美品位和审美价值应该最高。当今社会，高雅文化毕竟是少数人的事情。大众文化、通俗艺术需求的人多，因此相对发达，而高雅文化、高雅艺术需求的人少，因此相对滞后。文化美学要发展，要站稳脚跟，必须在大众文化、主流文化、高雅文化中取得平衡，在不同的文化之间进行审美的取舍，吸收各种文化的审美精华，从而完善文化美学。在这个意义上，从文艺美学转向文化美学是一种必然。

李健：前几年，日常生活审美化成为学界热议的话题。我知道，您喜欢游泳、弹琴、旅游，您的日常生活就带有很强的审美色彩。能谈谈这个老问题吗？

胡经之：应该说，日常生活的审美化这一命题本身非常有意义。审美确实不只存在于高雅艺术中，也存在于人类的日常生活中。从美学的角度对人类的日常生活进行研究，将人类的日常生活与审美结合起来，对培养人类的审美情操、提高人类的生存质量和精神境界都有意义。然而，对日常生活的审美研究，应该与对文学艺术的审美研究并行不悖。可是，有些学者在论证这一问题时出现了偏颇，企图以日常生活的研究代替文学艺术的研究，过分地渲染流行文化、消费文化、商业文化的美学价值，渲染科学理性与技术理性的价值。文化研究应该研究流行文化、消费文化、商业文化，但是，不能把这些作为文化研究的唯一目标，更不能以此代替文学艺术的研究。

日常生活审美化和审美日常化其实是有区别的，日常生活走向审美化，是把日常生活向审美提升，而审美的日常化，乃是把审美普及。这并不意味着要把文学艺术降低到日常生活水平，生活和艺术之间要形成良性循环。生活审美化后，艺术应该怎么办？艺术要提高自己的水平，提升艺术境界，然后又反作用于生活，从日常生活提高到超日常生活，不断提升人的生活境界。

李健:人生七十古来稀。2004 年,在您 71 岁的时候不再担任中国中外文艺理论学会副会长职务,学会授予您“文艺理论突出贡献奖”。在那之后,您还在继续招收文艺美学博士生,继续自己的理论思考。近年来,您在学术上还关注些什么呢?

胡经之:70 岁之后,我招的博士生逐渐减少。2007 年,我送走了最后一批博士生,教书生涯已经结束,可美学生涯仍在延续。近几年来,我关注的是这几个方面:一是自然美学,二是中国古典文艺学,三是比较美学。天地之美,美在自然,不在意象。我跟随晦师攻读副博士研究生时,曾研究过古典,最终却走上了文艺美学研究之路。你(注:采访者李健)来后,又燃起我的古典之梦,我们合著的《中国古典文艺学》,是对晦师的永久纪念。没有国际化视野,说不清楚中国美学的问题。“国际视野,中国问题”,应是今后我国美学发展的根本方向。

年届八十,我对自己的人生作了一番反思,曾写下《感悟》四句:“人生苦短波折多,不如意事常八九。尚幸留得平常心,犹向真善美追求。”对真善美的追求是无止境的,从小美到大美,从生活境界到天地境界,应不断提升。几年前,我应《美与时代》之约写过一篇《美学伴我悟人生》,今天,借助于这个访谈,我对我的人生进一层归纳,那就是:心向至美人生幸。

李健:好!我们已聊了很多。非常感谢您!祝您健康长寿!为美学研究做出新的贡献。

胡经之:谢谢!

题记:承蒙《文艺研究》主编方宁先生信任,约我访谈胡经之先生,探寻他的学术道路与学术贡献。作为先生的学生,我对他的学术与人生已经有了相当的了解,但是,还是有点惴惴不安,因为先生经历的文艺学、美学大事太多,难以把握。前一阶段,先生忙于应对深圳大学建校30周年纪念活动,找不到完整的时间,我只能见缝插针。6月2日,在后海湾青青世界,弟子们共同发起并举办了“胡经之先生80寿诞恳谈会”,数十位同门与会,共叙师生情谊。期间,得以与先生促膝长谈,同时,又听了王一川、王岳川、王列生、张首映、陈伟诸师兄的发言,更多地了解了先生学术和人生的一些鲜为人知的事。先生一生钟情于美学、文艺学,他的探索总是从人生出发而最终又回归人生,提升人生境界。先生建言,这篇访谈不妨题为“心向至美人生幸”。我欣然同意。访谈成稿后交与先生审阅,他又将几个小标题改成具有诗意的句子。希望读者从中能够领略先生的“诗人美学家”(王一川对先生的评语)的情怀。

李　健

(原载《文艺研究》2013年第11期)

胡经之先生生平要略

1933 年(出生)

阴历闰五月初八,出生于无锡梅村。梅村地处苏州、无锡之间的伯渎港边,离阳澄湖不远,史称“江南第一古镇”,建有泰伯庙。在商周之交,泰伯与仲雍兄弟二人为让位于小弟季历,隐居于这江南荆蛮之地,带来了北方文化,使之成为吴文化的发源地。

1934 年(1 岁)

幼年体质较弱,赖三位姑妈轮流照顾,悉心调养。母亲朱蓉珍性文静,善刺绣,勤俭治家。祖父胡锦堂是苏州丝织厂技师,父亲胡定一在苏、锡一带的小学任教,很少在家。

1935 年(2 岁)

常被外祖父带到梅村北三里地的鱼池村居住。因弟弟纬之出生,两位姑妈又出嫁,母亲照顾不过来。外祖父家周边也有竹林、小河、鱼池,风景优美。跟随表兄朱寿根去田野,放风筝、打渔、捕鸟是童年的莫大乐趣。

1936 年(3 岁)

最早接触的文化娱乐是民间说唱。春节刚过,用江南民间曲调来“唱春”的民间艺人就纷至沓来。到了夏天,家家在门前空地乘凉,就会招来不少说书人。孩童时期,刚洗过澡,躺在木条凳上,面对夜空数星星,听着说唱,或听父亲奏二胡。每到过年,父亲必去苏州玄妙观买来春联和年画挂在家里。幼时就在这种文化氛围中成长。

冬,小姑出嫁到上海,随父亲去上海,首次见识了这座大都市。

1937 年(4 岁)

随俗参加宗教文化活动:春天到泰伯庙参拜泰伯,夏天到净土庵参拜观音,秋天则到张巡殿观看迎神赛会。活动年年均有,真乃民间狂欢。

下半年,日寇入侵,民间狂欢归于沉寂。

1938 年(5 岁)

这是灾难深重的一年。日寇入侵梅村之初,居民纷纷逃难。孩童们由父亲、叔父、姑父用大竹筐挑着,在树丛、竹林、山冈间躲藏,夜晚就睡在山洞中。在国无宁日、兵荒马乱之中,母亲先离世而去。接着,只有两岁的小妹也随之而去。最后,慈祥的祖父也撒手人间。

1939 年(6 岁)

在外祖父的照看下,和表兄朱寿根一起进私塾作蒙童,开始读《三字经》《百家姓》《千字文》。私塾塾师已较开通,教他自编自唱的歌:"三月三,清明到,去游山。"学写的第一篇作文就叫《清明游山》。

1940 年(7 岁)

由父亲接到苏州,和父亲、继母一起居住在蒋庙前巷,就近入美国教会学校晟成中学附小读书。这是首次到苏州,离家很近的拙政园、狮子林、北寺塔等成为常去的地方。苏州园林在少年心灵中留下了极深刻的印象。

1941 年(8 岁)

初春,随父亲去阳澄湖畔的荡口镇休假,见识了以大闸蟹出名的阳澄湖,首次感受到了大湖的浩荡。

1942 年(9 岁)

继续在苏州城内教会学校读书。星期日进唱诗班,做礼拜有感,曾写短诗《做礼拜》,在班上朗诵。所学《可爱的家》等歌曲,至今不忘。

1943 年(10 岁)

初夏离开晟成中学附小,随父亲去鸿声里小学就读。

初小毕业,父亲和老友陈友梅相商,决定入梅村高小读书。暑假后,离开苏州,回到梅村老家,和祖母一起居住,由她照顾生活。

1944 年(11 岁)

在梅村高小就读两年,受班主任、语文老师陈友梅的影响最大。

1945 年(12 岁)

梅村高小毕业,进梅村中华中学读书。抗日战争的胜利,激发了其读书报国的热忱,开始静心坐下来认真读书。在古诗词之外更多接触现代文学。开始接触音乐和美术。

1946 年(13 岁)

学校组织远足,第一次去了太湖,感受了太湖风光。第一次进无锡城,观看电影《一江春水向东流》。

在中华中学读书期间,受语文老师何阡陌影响最深,对五四以来新文学发生兴趣,开始学写散文,曾在《开明少年》《中学生》上发表。在学生自治会中任学习部长,参与文艺刊物的编辑工作。

1947 年(14 岁)

受班长韩克和表兄朱寿根的影响(均为地下共产党员),参加他们组织的秘密读书会,大量接触苏联文艺和解放区文艺,直至毕业。

1948 年(15 岁)

中华中学毕业后,就近在梅村的无锡县师范学校读书,入住泰伯庙后院。从此离开祖母,开始独立生活,周日常回老家看望,寒暑假则和弟弟胡纬之一起回苏州和父母团聚。

受班主任、语文老师陈友梅熏陶,爱舞文弄墨。对弹钢琴发生了兴趣,投入了不少心力。

1949 年(16 岁)

入学不久,时局剧变,解放军即将渡江南下。严冬刚到,在共产党地下组织的引导下,开始组织本班进步学生巡夜,从事护校活动。加入新民主主义青年团,不久,全校成立学生会,被推为第一届学生会主席。

秋,参加无锡县首届政治协商会议。

1950 年(17 岁)

被选为无锡县学生联合会主席,先后任无锡县第一、二、三、四届人民代表。参加苏南首届人民代表会议,在陈丕显主持下,参政议政。在会上,见到了穿着长袍马褂的荣德生(荣毅仁之父),同议国事。

积极参加社会活动,先后去过苏州、常州、扬州、江阴、镇江等地。

1951 年(18 岁)

春,为慰问参军学生,和学校领导俞坚平、邹燕琴一起第一次去了南京,瞻仰中山陵,参观前总统府。

夏,下决心考大学,告别学生运动,转向教学岗位。先到陈墅小学教语文、历史,后赴严家桥初中班教语文、音乐,腾出时间读书以应考。

1952 年(19 岁)

春,辞去教职,离开无锡,回到苏州家里,全力投入应考准备。

盛夏,在江苏师范学院(现苏州大学)参加全国高校统一招生考试。

秋,全国高校在各地报纸发榜,被北京大学录取,由此在燕园开始大学生活。最早学的课程是杨晦的“文学概论”、王瑶的“中国新文学史”。年底,去校医院北侧佟府老宅专访朱光潜，从此，和这位美学老人相识。

1953 年（20 岁）

听中国文学史课程。游国恩讲先秦两汉文学，林庚讲唐诗，浦江清讲宋词、元曲，吴组缃讲明清小说。后，又听吴组缃讲《红楼梦》专题。对苏东坡、郑板桥、曹雪芹三位作家发生浓烈兴趣。范成大笔下的江南乡情，唤起了少时美好回忆，印象深刻。

上课学习之外，接受中文系安排的社会工作，担任《北大校刊》的记者，陆续访问何其芳、冯至、曹靖华、蔡仪、朱光潜等校内学者，做专访报道。

是年，北京大学文学研究所成立，由何其芳任常务副所长。因认识牟决鸣而常出入何其芳家。秋，蔡仪也入住燕东园 31 号，也与之有了交往。关注美术理论，开始对王朝闻的美术评论产生浓厚兴趣。

1954 年（21 岁）

听外国文学史课程。曹靖华讲俄国文学，冯至讲德国文学，季羡林讲印度文学，闻家驷、杨周翰、李赋宁等讲英、法、美文学。对巴尔扎克、托尔斯泰、莫泊桑的作品关注最多。

深受吴组缃“现代文学作品选读”一课影响，开始学写文艺评论。又受章廷谦（川岛）所授“文学写作”课的熏陶，尝试学写短篇小说、散文。

春，经杨晦特许，参加文艺理论研究班，听苏联专家毕达可夫的“文艺学引论”课，和蒋孔阳、张文勋、蔡厚示等相识。

1955 年（22 岁）

听杨晦“中国文艺思想史”课程。

冬，加入中国共产党。

1956 年（23 岁）

由高等教育部调派，入中国人民大学马克思主义研究班当研究生，研究马克思主义哲学,听胡华、何干之讲授中国革命史。

半年后,国务院公告在国内试行副博士学位制,北京大学决定招收首届副博士研究生。当即回北大见杨晦,要求回校读研。暑假后,经高教部批准,回北京大学,在文艺理论教研室任助教,从杨晦研究中国文艺思想史,为学生上"文学概论"辅导课,并准备攻读文艺学副博士。

1957 年(24 岁)

春,北大首届文艺学副博士研究生入学,和严家炎、王世德一起听杨晦、钱学熙分别开设的文艺理论、外国文论等副博士学位课程。

继续研习中国文艺思想史,从孔子、庄子等古籍读起,积累学术资料。协助南京大学罗根泽去北大图书馆审校《中国古典文学理论批评专著选辑》资料,沉湎于古典书籍之中。同时,密切关注着当时正开始的美学讨论。

1958 年(25 岁)

周扬带领何其芳、林默涵、邵荃麟、张光年等,主动到北京大学开设"马克思主义文艺理论"讲座。受学部委员魏建功和中文系主任杨晦之命,担任此讲座的助教。除了和主讲人周扬等联系外,还广泛和西语、东语、俄语、哲学等系学生接触,整理讲稿,并为《北京大学学报》撰写学术综述。

下半年,连续参加中国文联、作家协会、《文艺报》关于革命现实主义与革命浪漫主义相结合的讨论,作了《关于现实主义和浪漫主义相结合》的发言,《文艺报》1958 年 11 期予以刊载。

是年,和严家炎、王世德一起被《文艺报》张光年、侯金镜聘为特约评论员,由此进入文艺界。和李希凡、李泽厚、谢永旺、阎纲等有了学术交往。后又和王春元、缪俊杰、李基凯、蒋荫安、陆贵山、谭霈生、郑国铨、陈传才等相识。

1959 年(26 岁)

文艺界推出一批文艺作品,在全国开展读书运动。应约撰写《理论与现实在文学中的辩证结合》一文，在《文学评论》1959 年第一期发表。应上海文艺出版社之约，配合全民读书运动，撰写了一本评论小札《谈谈〈野火春风斗古城〉》。

美学兴趣日增，一直关注着当时的美学讨论。当时，宗白华在研究西方美学史，不时去宗白华家请教，拜读过他的《西方美学史论纲》和探讨文艺复兴美学思想、英国经验主义心理分析美学、德国唯理主义美学等论文手稿。

1960 年(27 岁)

上半年写过几篇文艺评论，评介过王愿坚的《七根火柴》，发表过《王愿坚的短篇小说》，有的曾在中央广播电台播放，后又收入北京出版社出版的《阅读与欣赏》一书。

后半年则集中精力攻读美学书籍，听朱光潜的美学讲座。是年，北大哲学系成立美学教研室，朱光潜从西语系调入，主讲西方美学史，而宗白华则主治中国美学史。为准备副博士毕业论文，向杨晦、朱光潜、宗白华请教。是年秋，完成论文《为何古典作品至今还有艺术魅力》，通过论文答辩，后在1961 年《北京大学学报》上发表。

年底，结束了长达四年的副博士研究生生涯，留北大任教。

1961 年(28 岁)

初春，开始在北大中文系讲授文学概论，并准备中文系的美学课程。

刚过“五一”即被高教部召集到中央高级党校，参与蔡仪主编的《文学概论》编写，得以暂居此地两年多，闭门读书，潜心编书。在此期间，不仅接受蔡仪的指导，而且和王朝闻相识并有了深交，常漫步于昆明湖畔、颐和园中，谈笑风生，自由论学。

为编书，集中阅读了不少西方文艺理论，并对音乐美学发生了特殊兴趣。

1962年(29岁)

受蔡仪之命,负责撰写《文学概论》之第一章:“文学是反映社会生活的特殊的意识形态。”

编书期间,因暑假回南京探双亲之便,还特地去苏州、上海,向郭绍虞、伍蠡甫、蒋孔阳、叶以群等请教,以求集思广益。是年,朱光潜到中央高级党校讲授西方美学史,得便就去听课。10月,《文学概论》初稿完成,周扬、朱光潜等参加了初稿讨论会。

1963年(30岁)

经反复修改,夏季完成《文学概论》编撰,结束中央高级党校的生活。

秋季回北大,为俄语、西语、东语等系学生讲授“文学概论”,为中文系开设文艺理论专题课程,开始突出文艺的审美特性、审美教育作用。参加宗白华为中文、哲学系高年级所开的“中国美学史”讲座,并不时讨教。朱光潜《西方美学史》上卷出版,得作者赠书。

对电影美学、摄影美学发生浓厚兴趣。

1964年(31岁)

由北京市政府借调,去市府大楼一年多,和康式昭等同处一楼,参加北京“四史”丛书的编撰。编书之外,常要到北京郊区调查研究,得以有机会去通县、平谷、顺义、门头沟等京郊边缘地区接触农民,了解民情。

1965年(32岁)

继续编撰“四史”丛书,偶尔参加全国戏剧观摩,写些评论。

秋,惊悉父亲得癌症,立即赴南京,说服父亲,把父母和女儿苏薇一起接到清华园四公寓居住。陪父亲到北京各大医院求治,均遭拒绝,无门可入。父亲体谅为子的困难,坚决要回故乡,不愿久住京城,只好把父亲送回南京。

1966年(33岁)

春,父亲病故南京,急赴奔丧,埋土南山,悲凉之情,长久徘徊心头。回京之后,潜心教书,少有社交,更多关注美学。和宗白华、王朝闻的交往多了起来。

不久,"文化大革命"潮起,北大处于漩涡中心,中央派出工作组进驻北大。被组长张承先从中文系调入"灰楼",专写简报,向中央及北京市委报送。不久,工作组被赶出北大。从周培源参与外事工作,接待来访外宾、使馆来客。曾接待过费彝民、夏梦带领的香港文化考察团。又曾代表北大参加过德、法、蒙、朝等国的使馆招待会。

创办《文艺批判》(民间刊物),一年多后停办。

夏,和郭罗基等受周培源之命,组成专门教学组,为西哈努克亲王的儿子那拉·迪波授课。盖因此时王子刚从北大附中毕业,爱好文学艺术,要求入北大学习,但北大早已停课。周恩来总理特批,要北大派专人负责王子教学。

秋,迁居燕东园37号楼下。晚间,尚可上楼,到杨晦居室促膝谈心,偶逢停电,则秉烛夜谈,深切感受到师生情谊。杨晦乃五四老人,亲身经历过火烧赵家楼,每逢五四,必有电台、报刊来访。此时,杨晦患有白内障,已无法执笔,因而不时为之代笔。

1967年(34岁)

常居友谊宾馆,为西哈努克王子讲文学艺术。

1968年(35岁)

"红卫兵"派系斗争升级,我家被抄,楼上杨晦也未能幸免。此时,小女儿燕菘即将出生,楼下客厅只有一间已住不下,只好迁入前燕京大学校长陆志韦的原住所燕东园27号,住朱光潜楼下,和杨人楩在一层,各有两间。朱光潜已获自由,和他见面机会多了。他每天都下楼打拳散步,不时有缘交谈。

是年,西哈努克回柬埔寨,那拉·迪波亦离开中国。在那拉·迪波就学北大的两年中,陪他考察了故宫、美术馆、革命博物馆、北京图书馆,拜会了许广平、周海婴、夏梦、浩然等,观摩了京剧、芭蕾舞、民族音乐等。

1969 年(36 岁)

受杨晦启发,潜心读马克思、恩格斯著作,特别关注后期所作的哲学、人类学、剩余价值学说的笔记、手稿,开始对马克思主义有了另一种理解。

受中文系委托,为及早落实王瑶的政策,多次去蒋家胡同 9 号访问王瑶、杜琇夫妇,具体商量如何了结旧事,为他平反。最后商定迁入镜春园居住。由此,对老师王瑶的过去有了更多的了解。

1970 年(37 岁)

中央一声令下,备战备荒,知识分子被遣上山下乡。清华、北大的教师被遣送到鄱阳湖鲤鱼洲围垦造地,种菜育稻。白天,在烈日下以原始的耕作方式垦地、种植、插秧、抢收;晚间,还要“斗私批修”。

秋收时因“双抢”劳累过度,半夜起床,晕倒在地。幸大草棚内邻床同事符淮青闻声而起,急呼医生孙宗鲁抢救,当晚送南昌医院,幸免一死。

1971 年(38 岁)

脑震荡尚未治愈,不断受政治冲击。冬天被放回到北京。

1972 年(39 岁)

为中、西、东、俄等文科系开设文艺理论讲座。为尝试教改,除讲一些基本理论外,邀请了中央音乐学院、中央戏剧学院等院校的一些教师,来北大介绍不同艺术部类的知识,以扩大艺术视野。喻宜萱、黎信昌、汪毓和等均曾参与,甚至带来了小乐队,且讲且演。

是年,有机会赴哈尔滨,参加了“文革”中唯一一次文艺理论学术研讨会，讨论今后文艺理论怎么讲。此外，就埋头读《资本论》《剩余价值学说史》《1844 年经济学哲学手稿》。

1973 年(40 岁)

和陈熙中、侯忠义合撰《〈红楼梦〉——封建社会没落史》，先是在《北京日报》发表，后国内有多种报刊转载，印成小册，广为流传。

以后的近三年，集中精力钻研《红楼梦》。直到改革开放之初，立即全心投身文艺美学。

因住灰楼近三年，得地利之便，常能就近去宗白华、王瑶家中谈天说地，天南海北，红学、美学，无所不谈，获益良多。借“评红”之机，三年间在北大图书馆读了大量清代线装小说，以便弄清为什么《红楼梦》是古典小说中最好的一部。其间，结识了周汝昌、吴世昌、吴恩裕等前辈红学家。

1977 年(44 岁)

由“灰楼”转到“红楼”学习，清理“文革”遗毒。因此，在两年多中，常能和老师林庚共聚一室，畅谈文学艺术的美学问题，从诗文之美一直到西域音乐，无所不谈。同室还有老师魏建功副校长，但他只听交谈，偶亦莞尔一笑，却不插嘴，常常闷闷不乐，一言不发。

1978 年(45 岁)

读到台湾学者王梦鸥《文艺美学》这本谈论文学的小书，论证虽嫌简略，但能继承朱光潜、宗白华四十年代的学统，贯通中西文学，融会美学、文艺学，深受启发。于是开始构想自己心目中的文艺美学。

1979 年(46 岁)

为赖应棠、王家骏主编《马恩文论百题》一书撰写《艺术掌握世界的方式》《具体—抽象—具体》等题，后陆续写成论文发表。清理“文革”遗毒结束，立即投入中文系教学。受老师杨晦之命，协助他为首届研究生曾镇南、董学文、郭建模、杨星映等安排一些文艺学硕士课程，并为《文艺美学》一课做准备。

1980年(47岁)

开始撰写《文艺美学》讲稿。应《文史知识》杨牧之之约，陆续撰写古典名诗赏析数篇。

6月，赴昆明参加中华全国美学学会成立大会，受命和杨辛一起照顾老师朱光潜，陪他畅游昆明，临滇池，登西山，走石林。这是朱光潜离开西南后第一次、也是最后一次到昆明。

受中国社会科学院文学研究所之聘，任《红楼梦研究集刊》编委，开始和邓绍基、刘世德、蒋和森、郭豫适等交往。

秋，和李泽厚、朱立人等赴北戴河，参加河北省美学学会成立大会。《中国美学史方法论略论》一文在《北京大学学报》上发表。

1981年(48岁)

应中国社会科学院研究生院院长周扬之聘，任蔡仪首届美学硕士许明等人的毕业论文答辩委员会委员。

一月，参加季羡林为会长的北京大学比较文学研究会成立大会，开展国际学术交流活动。海外华人学者叶维廉、刘若愚、叶嘉莹、李达三等分别来访北大，和季羡林、杨周翰、张隆溪等一起接待，参加学术座谈。根据自己多次在座谈会上的发言，写成《比较文艺学漫说》一文，在《光明日报》上发表。继续撰写《文艺美学》讲稿。《论艺术形象——兼论艺术的审美本质》在上海文艺出版社《文艺论丛》刊载，后收入中国社会科学院文学研究所编的《中国新文艺大系——理论卷》。在中国艺术研究院的《词刊》连载《艺术的意境》一文。遵朱光潜先生嘱托，为伍蠡甫《中国画论研究》作评。

《论艺术掌握——兼论对世界的审美掌握》一文在《求是学刊》1981年

第2期上发表。

秋，在北大另辟硕士研究生新的专业方向，于“文艺理论”之外，新设“文艺美学”。当年，新设的“文艺美学”专业方向有98人报考，录取王一川、陈伟、丁涛三人，1982年初春入学。

赴南宁、桂林，参加蔡仪主持的马克思主义美学研讨会。

冬，和阴法鲁、朱立人、叶朗、江溶一起，组成“文艺美学丛书”编辑委员会，由江溶、胡经之、叶朗任常务，聘请朱光潜、杨晦、宗白华为顾问，先编辑出版《美学导向》，首印12万册。开始为“文艺美学丛书”组织、推荐书稿，最早推荐的是谭霈生的《论戏剧性》。

1982年(49岁)

开始整理1980年开课的《文艺美学》演讲稿，改写为专著。先发表《“文艺美学”是什么》(载北京大学出版社《大学生》丛刊1982年第1期)，又发表《文艺美学及其他》(载北京大学出版社1982年1月出版的《美学向导》)。为中央广播电视大学撰写《艺术美略论》，先在中央电视台播放，次年收入中央广播出版社的《美学专题汇编》一书。

受周扬之邀，陪朱光潜先生一起赴中宣部参加纪念《在延安文艺座谈会上的讲话》40周年，论文《艺术创造为人民》在《北京大学学报》发表。

在中国社会科学院文学研究所的《红楼梦研究集刊》陆续发表《美学与红学》《红楼梦里的石头故事》等文。

受吉林大学副校长公木之邀，参加文艺学硕士杨春时、张德厚等的毕业论文答辩。

赴长沙参加毛泽东文艺思想研讨会，和李衍柱相识，决定共同编写西方文艺理论教科书。会后，赴上海，访伍蠡甫、蒋孔阳，讨教西方文论。

赴南京、苏州、扬州等地讲学。

1983 年(50 岁)

经过一年的筹备,北京大学出版社开始出版“文艺美学丛书”。继续整理、改写《文艺美学》,完成第二稿。同时,开始组织、审阅“文艺美学丛书”书稿(佛雏的《王国维诗学思想研究》、叶朗的《中国小说美学》等)。在北大和童庆炳相识。

初夏,恩师杨晦逝世,享年 86 岁。在八宝山告别遗体,回校后即写一篇悼文《悼念老师杨晦》,和赵齐平所写哀诗,同在北大校刊发表。

冬,应约和汤一介同赴清华园寓所见张维院士,商量在深圳大学创办中文系事。张维答允,可从北大调入一批年轻教师和研究生。

1984 年(51 岁)

与盛天启等发起成立北京大学文艺美学研究会,被推为会长,负责主编《文艺美学论丛》。应山东大学吕慧鹃之约,撰写《郑板桥评传》,收入《中国历代著名文学家评传》第五卷。

五一赴深圳作实地考察。先到厦门,再到汕头,然后第一次踏上深圳的土地。暑假后,和汤一介、乐黛云一起,随张维校长赴深圳大学,参与创办中文系。以后数年,常来往于京、深两地。在中文系成立大会上,认识了香港著名学者饶宗颐,并从此开始了和香港学界的交往。

秋,应刘纲纪之约,赴武汉和王朝闻、伍蠡甫、蒋孔阳等相聚,参加中外艺术美学研讨会。后,又随王朝闻赴张家界考察。

1985 年(52 岁)

主编《文艺美学论丛》第一辑,在内蒙古人民出版社出版。发表《文艺美学——文学艺术的系统研究》一文。

受邀任王朝闻主编的“艺术美学丛书”编委。和乐黛云在深圳大学举办中国比较文学学会成立大会,名誉会长季羡林、会长杨周翰莅会,国际比较文学会会长佛克马，美、英、日等国比较文学会会长等云集深圳大学。

暑假，应中国人民大学陆贵山之邀，赴北戴河“文艺学方法论”研讨班讲学，和鲁枢元等相识。

初春，赴扬州参加中国社会科学院文学研究所举办的“文艺学方法论”学术研究会，和钱中文、刘再复、汤学智等相识。

在北大继续招收文艺美学研究生，王岳川、张首映、王坤、荣伟、谢欣、柳杰等入读。香港中文大学袁鹤翔、李达三应邀来北大作学术访问，陪同袁鹤翔赴季羡林寓所长谈。应辽宁省比较文学研究会之邀，和李达三、乐黛云赴沈阳作学术演讲。

1986 年(53 岁)

受中国社科院胡绳院长之聘，担任蔡仪的美学硕士生答辩委员。主编的《文艺美学论丛》第二辑出版，胡经之、张首映合撰《论接受美学》在其中发表。

春，深大举办高校西方文艺理论研讨会，讨论国家教委推荐教材《西方文艺理论名著教程》(胡经之主编)，钱中文、曾繁仁、饶芃子、李衍柱等与会。

夏，由胡经之主编的全国高校文科教材《西方文艺理论名著教程》在北京大学出版社出版，伍蠡甫、胡经之主编的《西方文艺理论名著选编》三卷同时出版。接待王力、王瑶等著名学者访问深大。

春，应香港中文大学新亚书院之邀，赴香港作学术访问，发表《中国当代美学的嬗变》演讲，和金耀基、饶宗颐、袁鹤翔、李达三等座谈。秋，返深大，接待中华美学学会会长王朝闻夫妇，参加深圳市美学会成立大会，被选为会长(王朝闻受聘名誉会长)。

暑假后，从北京送女儿燕菘到中山大学就学，访问吴宏聪、楼栖。

冬，在深大和徐葆煜主持海外华文文学国际研讨会，接待徐中玉、陈映真、陈若曦、刘以鬯、曾敏之等华人作家、学者。深圳市市长梁湘、副市长邹尔康与会。

回北大参加中国比较文学学会首届常务理事会（杨周翰主持），后赴广州参加广东省比较文学研究会成立大会，被推任为首任会长。

是年，朱光潜、宗白华两师逝世，均享年89岁。因不在北京，只能致电奚令吾等慰问。

1987年（54岁）

由胡经之主编，王一川、陈伟参编的《中国现代美学丛编》在北京大学出版社出版。论文《论审美活动》在《深圳大学学报》发表。论文《文艺学方法论的多样和统一》，先后被中国社会科学院文学研究所、中国人民大学等收入专集。

夏，赴西安参加中国比较文学学会第二次国际学术研讨会，提交论文《比较诗学和比较美学》。美、日、德、荷、捷等国学者佛克马、芳贺彻、高利克等与会。

是年，受聘为中国社科院文学研究所特约研究员。

赴海南作环岛考察。

1988年（55岁）

由胡经之主编，王一川、陈伟、丁涛等参编的《中国古典美学丛编》三卷，由中华书局出版。另一高校文科教材，和张首映合著之《西方二十世纪文论史》，由中国社会科学出版社出版。

将深大中文系改建为国际文化系，同时成立特区文化研究所，担任系主任、所长。《光明日报》曾作介绍。

是年冬，赴新加坡考察。

1989 年(56 岁)

年前完成《文艺美学》专著,收入北京大学"文艺美学丛书",由北京大学出版社出版。由胡经之主编的《西方文艺理论名著教程》经改写、增补、修订,分成两卷(下卷由王岳川任副主编),由北京大学出版社重新出版。为《文心雕龙》国际研讨会撰写《〈文心雕龙〉——文化融合的结晶》,收入会议专集。会间,向王元化、杨明照、徐中玉讨教,并和李泽厚、张磊相聚。

为加快特区建设人才,和吴俊忠主持特区文化研究生班,培养了两届研究生二十余人,以应特区发展之急需。

春,应邀赴长沙参加湖南省比较文学学会成立大会,并随会长张铁夫到湘潭大学作学术访问。

被选为深圳市文联副主席、作家协会主席。

是年,赴泰国考察。

冬,杨周翰逝世,电北大西语系致哀。

1990 年(57 岁)

年初,率深圳市作家代表团访问香港作家联会,和曾敏之、刘以鬯等交流。以后数年,关注文化研究,陆续撰写论文、评论、随笔、散文,在《深圳大学学报》《特区文学》《深圳特区报》等深圳报刊发表。

被国家教委聘为全国高校教材评审委员,参加首届优秀教材评审。被中国文艺理论学会选为副会长(会长徐中玉、钱谷融)。

冬,赴江门主持广东省比较文学研究会年会,和香港比较文学研究会共同举办粤港澳比较文学研讨会。

赴马来西亚考察。

1991 年(58 岁)

和陈伟一起接待美国著名美学家布洛克夫妇访深圳大学,积极开展国际文化交流。《论艺术形象》一文被收入布洛克、朱立元合编的《中国当代美学》,介绍到欧美。为译介此文,开始和朱立元交往。积极参加中华美学学会的学术活动,被选为中华美学学会常务理事。

赴菲律宾考察。

1992 年(59 岁)

获国务院颁发的国家突出贡献证书,终身享受国家特殊津贴。被《文艺理论研究》聘为编委。主编的《西方文艺理论名著教程》被国家教委评选为优秀教材二等奖。

应陆梅林、侯敏泽之邀,赴庐山参加马克思主义文艺理论研讨会。

冬,赴肇庆参加广东省和香港比较文学研究会等联合举办的粤港澳第二届学术研讨会,致开幕词。

赴印尼考察。

1993 年(60 岁)

和暨南大学饶芃子教授合作,申报文艺学博士点,获得国务院学位委员会的通过,华南地区有了第一个文艺学博士点。在深圳大学设博士课程分教处,由此,成为深圳大学的第一位博士生导师。文化部和深圳市共建"特区文化研究中心",被聘为学术顾问。

夏,和郁龙余等同赴美国,访问斯坦福大学、圣荷西大学等高校,作学术交流。

深圳大学举办胡经之从教 40 年庆祝会,校长蔡德麟出席致辞祝贺。

1994 年(61 岁)

开始招收和培养文艺学博士生,首届王列生到深大入读。与王岳川合作主编的《文艺学美学方法论》在北京大学出版社出版。此为教育部文科博士点科研项目,参编的有北师大王一川、人大张法、清华尹鸿等。

赴德国、荷兰、比利时、法国考察。随女婿张作义、女儿胡苏薇在花园小城“圩里歇”度假。深秋，取道香港一起回国。

1995 年（62 岁）

应李衍柱之邀，赴济南参加中外文艺理论学会成立大会，被选为副会长（会长钱中文、吴元迈）。11 月，由中华全国美学学会在国内举办的第一个国际美学学术会议在深圳大学召开，国内外著名美学家汝信、刘纲纪、布洛克、滕守尧、高建平等云集深大。胡经之代表深大在开幕式致辞。

深圳市成立文艺评论家协会，被推为主席。

受复旦大学聘请，任评选文艺学博士生导师的通讯评委。

赴加拿大考察。

1996 年（63 岁）

被任命为深圳大学学术委员会副主任，人文和社会科学委员会主任。旅美著名学者赵浩生访问深大，和人文学者座谈，代表深大致欢迎辞。

深大首任校长张维院士最后一次回深圳大学，陪同考察校园并留影。

5 月，在清华大学休假，清华大学王大中校长夫妇来访，交谈人文社科如何发展。

再赴新加坡、泰国、马来西亚考察。

赴朝鲜考察。

1997 年（64 岁）

被国务院学位委员会聘为文艺学博士点通讯评委。为海天出版社主编《人与自然》丛书，写总序《珍重自然》。

为香港回归，在《光明日报》发表《走出家门是香港》。被选为广东省美学学会会长。

赴哈萨克斯坦考察。

1998 年(65 岁)

在人民大会堂,参加北大百年校庆大会。

《文艺美学》入选“北京大学文艺美学丛书”精选版,修订、增补《文艺美学》。

分别在《文艺研究》《文艺理论研究》《学术研究》等刊物发表反思文艺美学的文章,《新华文摘》曾有转载。冬,深大和暨大合作举办高校文艺学博士点建设研讨会。

是年,分别发表一组关于世界华文文学的评论,参加在北京友谊宾馆召开的世界华文文学国际研讨会,在《文学评论》发表《世界华文文学的精神魅力》。

赴海参崴考察。

1999 年(66 岁)

《文艺美学》修订本出版。北京大学袁行霈教授重读后致函称:“文艺美学学科经兄拓荒,目前成为显学,后继不乏其人。今重温兄之论述,远见卓识,敬佩不已。”《应文艺研究》之约,撰《艺术:按美的规律创造》,在纪念特刊上发表。为迎接深圳特区成立 20 周年,受深圳市文学艺术界联合会之托,负责主编《深圳文艺二十年》一书,写序言探索深圳艺术发展之路。深圳市成立艺术评审委员会,聘为主任。

在南京参加中外文艺理论研讨会后,和钱中文、陆贵山、程正明、黎湘萍等同登黄山,中途遇倾盆大雨,罢兴而归,回深圳病了一场,未能赴北大参加杨晦百年诞辰学术研讨会。寄去《诲人不倦启后人》,缅怀恩师。

赴缅甸考察。

2000 年(67 岁)

《文艺美学论》入选钱中文、童庆炳主编“新时期文艺学建设丛书”,该丛书收录新时期以来所写文艺美学论文。在《文艺报》发表长文《深圳艺术之路》。

夏，赴山东田横岛，和钱中文、曾繁仁、李衍柱、邹贤敏、李寿福、王岳川、周均平、乔征胜等聚会，研讨修改、增补、重编《西方文艺理论名著教程》，仍由胡经之主编，特聘钱中文为顾问，王岳川、李衍柱任副主编。

应复旦大学朱立元之邀，赴上海参加“蒋孔阳美学思想”研讨会，撰《博学多思善创新》一文，缅怀蒋孔阳逝世一周年。

赴清华园拜望深圳大学创校校长张维院士。这是最后一次见到张维校长（不久病逝）。

赴越南考察。

2001年（68岁）

在教育部“文艺美学研究中心”（山东大学）成立大会上，宣读《发展文艺美学》论文，被聘为学术委员和《文艺美学研究》编委。受聘为中国人民大学复印资料《文艺理论》专刊编委。

由胡经之主编，李健、王一川、陈伟、王岳川、丁涛等参编的《中国古典文艺学丛编》三卷由北京大学出版社出版，胡经之写有长篇序言。此书为文艺学博士课程的参考书籍。

《胡经之文丛》，由作家出版社出版，选收改革开放20年来发表的文艺美学、文化评论和散文随笔。《文艺美学论》一书获深圳市社科一等奖。

冬，应曾敏之所邀赴香港参加世界华文文学研讨会，拜会饶宗颐，和张隆溪、刘再复、刘登翰、黄子平、许子东等聚会。

深圳市出版《治家格言》，胡经之和谭国籍作序。

应姚文放之邀赴扬州大学参加文艺学建设研讨，和钱中文、童庆炳等专程访察郑板桥、刘熙载故居。

赴墨西哥考察。

2002年(69岁)

和郁龙余合作主编的“文化美学丛书”首批六种由中国社会科学出版社出版,撰总序《走向文化美学》。此文先在《学术研究》《江苏社会科学》发表,后又被《中国美学年鉴》等转载。

被深圳市社会科学院、社会科学联合会聘为学术顾问。

秋,被教育部聘为全国高校第三届优秀科研奖评委,为文艺理论组召集人。再次被任命为深圳大学学术委员会副主任,人文社科委员会主任。

撰写《中华文化如何走向世界》,在中华书局九十周年的学术研讨会(香山)上宣读,后在《深圳大学学报》发表。应刘纲纪、王杰之约撰写《焕发新审美精神》长文,在《马克思主义美学研究》上发表。

赴韩国考察。

人民教育出版社为全国高中新编教科书出版,高中语文第五册必读课本中,选收了《文艺美学》中《中国古典诗词虚实相生的取境美》一节。另有一节《文学的含义》被选收入高中语文《教师教学用书》第五册。《文艺美学》开始从大学讲堂进入中学课堂。

中秋前夕,离别了居住八年的深大新村,迁入深圳河和新洲河的入海口高层住宅,在此可俯视深圳湾、红树林,远眺香港元朗、落马洲。

2003年(70岁)

《美的追寻——胡经之学术生涯》一书由北京大学出版社出版,收录金开诚、钱中文、曾繁仁、陆贵山、王臻中、王元骧、涂途、张少康、李衍柱、杜书瀛、王一川、王岳川、陈伟等友朋及学生之回忆。深圳大学举办“胡经之教授学术生涯50年”学术研讨会,张炯、包明德、钱中文、曾繁仁、饶芃子、李衍柱、温儒敏、张黎明、冯宪光、姚文放、王一川、王岳川、陈伟、王坤、张首映、王列生、邵宏等专程从外地来深赴会。

在深圳市为推动“文化立市”而举办的文艺座谈会上，胡经之针对深圳文化发展现状，鲜明提出，深圳文化发展，一要普及高雅文化，二要提升大众文化，三要鼓励创新，大力发展雅俗共赏、自成特色的深圳主流文化。

受聘中山大学，任文艺美学博士生导师，在中山大学“名师讲座”作《走向文化美学》的学术演讲。

应中国社会科学院之邀，赴京参加文学研究所成立50周年庆祝大会，和汝信、钱中文、邓绍基等叙谈。

为李健博士论文《比兴思维研究——对中国古代一种艺术思维方式的美学考察》（安徽教育出版社）一书作序。

夏，和深大前校长蔡德麟、院士牛憨笨等同赴日本考察。

秋，应华东师范大学之邀，赴上海参加施蛰存百岁、徐中玉九十华诞的庆祝大会，再次和徐中玉、郭豫适等叙谈。

冬，全家三代（长婿张作义、长女胡苏薇、外孙张悠南一家，次婿高泰、次女胡燕菘、外孙高子骞一家）同赴海南三亚度假。

《西方文艺理论名著教程》修订再版，在北京大学出版社出版。

《焕发新审美精神》在山东大学文艺美学研究中心的《文艺美学研究》转发，《辽宁日报》选其主要部分予以转载。

秋，与校长谢维信、院士牛憨笨一起接待爱尔兰新当选总统玛丽·麦卡丽斯（原为爱尔兰大学女校长）。

2004 年（71 岁）

春，赴北京参加中国人民大学与中外文艺理论学会举办的新世纪文学展望的国际学术研讨会。会上，中外文艺理论学会授予胡经之及吴元迈、陆贵山、李衍柱等“中国文艺理论杰出贡献奖”，同时，被聘为中外文艺理论学会学术顾问。

应北京师范大学文艺学研究中心之邀，赴京为博士后李健的出站报告作评审，和童庆炳、王一川、张法、李春青等一起作鉴定。

1981 年发表的《文艺美学及其他》一文，作为我国新时期文艺美学代表作，被钟敬文、启功主编的大型丛书“二十世纪全球文学经典珍藏”收入《二十世纪中国文坛经典》卷中（童庆炳编）。

受聘为汝信、王德胜主编的《中国美学》的编委。

夏，再赴缅甸考察。又赴日照市参加文艺美学研讨会。

参加深圳市评选“深圳八景”终审，并赴大鹏半岛、莲花山、羊台山、大小梅沙、南澳海滨作实地考察。

与杨宏海（深圳市文联副主席）一道和深圳特区报记者安裴智作文学对话，畅谈新都市文学如何发展，对话全文在“特区报”发表。

参加深圳市文学艺术界代表大会，再次担任深圳市文艺评论家协会主席。

应中国散文诗学会会长柯蓝之邀，赴北京钓鱼台参加全国散文诗评审及颁奖。

深圳摄影家任光中《诗影选》出版，为之作序《心廊连广宇》。书法家牛黄《百年之约》出版，为之作序《美的毁灭》。

冬，惊闻美学大师王朝闻逝世（96 岁），痛失良师益友忘年交，致电王朝闻夫人解驭珍慰问。

2005 年（72 岁）

初春，应东南大学素质教育中心、艺术系之邀，赴南京作学术演讲，讲题分别为：一、我们为什么需要艺术；二、生活审美和艺术创造。其间，分别和南京大学周宪、赵宪章以及刚从广西师大调来的王杰聚会，和东南大学凌继尧、张燕等交流。重访中山陵、玄武湖、鸡鸣寺。

作为《深圳市志》的特邀审定专家，受邀参加《深圳市志》首发仪式，并在特区报撰文发表评论。

初夏，鲁迅文学奖首次在深圳举行颁奖大会，受中国作家协会之邀，参加得奖作家杨黎光作品研讨会（张锲主持）和新都市文学研讨会（张炯主持），撰文评杨黎光散文，在《文艺报》发表。

夏，应山东大学文艺美学研究中心的主任曾繁仁之邀，赴青岛参加“生态美学”国际研讨会，宣读《生态之美究何在》。

中国比较文学学会再度在深圳大学举行国际学术研讨会。与佛克马、乐黛云一起受聘为名誉所长。

秋，在《文艺报》发表《生活审美化，艺术应何为?》。

继续受聘为徐中玉、钱谷融任主编的《文艺理论研究》编委，受聘为王宁主编的《文学理论前沿》的学术顾问、高小康主编的《南方文化评论》的顾问。

应北京师范大学文艺学研究中心主任童庆炳之约，选送 50 篇文艺学论文给文艺学研究中心设立的文艺学网站。首批入选的有钱中文、童庆炳、陆贵山、曾繁仁、王元骧、李衍柱、朱立元等学者的论文。

印度总统特别顾问、尼赫鲁大学校长契特夫妇来访，在家畅谈。

2006 年（73 岁）

春，应上海师范大学孙逊之邀，赴上海参加都市文化国际研讨会，在开幕式上致辞。

夏，和李健合著《中国古典文艺学》一书，在光明日报出版社出版。

继续担任深圳市宣传文化基金专家评审委员会主任。深圳大学成立文艺学研究中心，被任命为名誉主任。

秋，应中国社会科学院汝信之邀，赴香山参加美学建设与和谐社会国际研讨会，在大会上宣读《美在和谐》。

应中国社会科学院文学研究所之邀，参加蔡仪百年诞辰美学研讨会，作《蔡仪的美学贡献》的发言。

应朱立元、杨春时之邀，赴厦门参加中国美学建设国际研讨会，在开幕式上致辞。在厦门大学作《审美何为》的学术演讲。

冬，中国文艺理论学会在上海换届，徐中玉、钱谷融为名誉会长，胡经之与钱中文、童庆炳等为顾问。

忘年交柯蓝在深圳逝世（86 岁），发表《追忆柯蓝忘年交》。

2007 年（74 岁）

春，应中国艺术研究院刘梦溪之邀，赴京参加院内艺术学博士论文答辩，任答辩委员会主席。分别和钱中文、严家炎等老友会面。

夏，应邀参加广东省文学学会年会，在大会上作了《传统文化的历史命运》的发言，后撰文《彰显人文精神》并发表。

“深圳市文艺评论丛书”（共八种）在海天出版社出版，为之作总序，其中有陈吉庆著《胡经之美学生涯》一书。

《永远的柯蓝》由花城出版社出版，为之作序。

秋，经香港飞菲律宾，后又飞台湾，作环岛考察。

冬，应首都师范大学王德胜之邀，赴北京参加转型期中国美学问题学术研讨会，在大会上宣读《艺术与生活》。分别和汝信、钱中文、叶朗、曾繁仁等会面。

春节，全家经香港飞往文莱、沙巴，在海边度假。

2008 年（75 岁）

春，应钱中文、金雅之邀，赴杭州参加中国现代美学、文论与梁启超学术研讨会，发表《梁启超的美学贡献》一文。和曾繁仁、杜书瀛、聂振斌等相聚。

夏，回北京，赴万安公墓参加移父灵仪式，撰《移灵志》。后赴清华大学访问同乡钱逊(钱穆之子)。

秋,在《中国文化报》发表《取之应有道》。

冬,参加中国作家协会在深圳举办的改革开放文学三十年文学论坛,和铁凝、金炳华、陈建功等会面。

应吉林大学刘中树之邀,在深圳参加全国毛泽东思想学术研讨会,在开幕式上致辞。参加在青青世界举办的文艺学高层论坛,在开幕式上致辞《艺术何为》,和曾繁仁、王岳川、王德胜等相聚。

春节,全家去新加坡,然后,赴印度洋岛国马尔代夫一小岛上休假。

2009 年(76 岁)

春节应邀参加深圳市召开的文艺座谈会,在大会上发言,谈多元文化如何提升。

春,应中国艺术研究院之邀,参加艺术学博士后科研成果评审,任评委会主席。参加《文艺研究》创刊三十周年座谈会,发言谈日常生活审美化后艺术应担当的使命。和王文章、李希凡、张庆善、刘梦溪等相聚。会后,又分别和钱中文、严家炎、叶朗、王岳川、王一川、丁涛等畅谈。

友人邹贤敏从教五十年,撰文《我们相识于乱世》以纪念。

应《美与时代》杂志社约,撰《美学伴我悟人生》。和黄玉蓉合著的《文学创新之路——深圳文学三十年》发表,收入"深圳市文化蓝皮书"。

应凤凰出版社总编姜小青之约,重印二十年前所主编的《中国古典美学丛编》,写重版序。该书获华东优秀图书奖。

受聘为广东省美学学会名誉会长。继续担任深圳大学学术委员会副主任、人文社科委员会主任,以及深圳社会科学院顾问。

冬,应浙江师范大学刘彦顺之邀,和李健同赴金华参加中国文艺理论学会主办之"新中国文艺理论 60 年学术回顾与展望学术研讨会"。和王元骧、吴中杰、张法、陈伟等畅游富春江。

2010年(77岁)

初夏,和严家炎、李光羲等同赴莫斯科、彼得堡,参加俄罗斯汉语年学术活动,畅游伏尔加河。

盛夏,应叶朗之邀,赴北京大学参加第十八届世界美学大会,主持自然美论坛。

2011年(78岁)

初春,应严昭柱之邀赴苏州参加“太湖文化论坛”首届国际年会,撰《中华文明重和美》。

2012年(79岁)

应《传记文学》《艺术百家》之约,撰写《周扬北大讲美学》《燕园谈艺再论道》。中国艺术研究院李世涛来访,发表访谈文章《从北大到深大》。

冬,应金雅之邀,赴杭州参加蔡元培美学研讨会,撰写《蔡元培的美学精神》,在《深圳大学学报》发表。

2013年(80岁)

应深圳大学校长李清泉之聘,与钟南山、吴家玮、顾海良等任深圳大学咨询委员会委员,参加深圳大学成立30周年庆祝会。

全家赴印尼巴厘岛度假。

在青青世界出席“胡经之学术生涯六十年”恳谈会。王一川在《光明日报》发表《外柔内刚的诗性美学家》。熊元义在《文艺报》上发表访谈《诗意的裁判与文艺的价值》。李健在《文艺研究》上发表访谈《心向至美人生幸》。

2014年(81岁)

被推为深圳市文艺评论家协会名誉主席。

参加深圳市作家协会成立30周年座谈会。

赴澳门参加国际音乐节。

《红楼梦意蕴再探讨》(与陈伟合撰)在《艺术百家》发表。

冬,参加中国中外文艺理论学会、深圳大学举办的“文化产业的发展与文艺理论的创新”学术论坛,在开幕式上致辞《文化创新人为本》。

2015年(82岁)

获授“广东省优秀社会科学家”称号。

赴香港参加国际艺术节。

胡经之自选集《文艺美学及文化美学》,由复旦大学出版社出版。

《胡经之文集》五卷由海天出版社出版,在北大召开座谈会。

应深圳市政府邀请,出席特区成立35周年座谈会。

参考文献

胡经之:《胡经之文集》五卷,海天出版社 2015 年版。

胡经之:《文艺美学及文化美学》,复旦大学出版社 2015 年版。

胡经之:《文艺美学》,北京大学出版社 1989 年第 1 版,1999 年第 2 版。

胡经之:《文艺美学论》,华中师范大学出版社 2001 年版。

胡经之:《胡经之文丛》,作家出版社 2001 年版。

胡经之、李健:《中国古典文艺学》,光明日报出版社 2006 年版。

胡经之、王岳川主编:《文艺学美学方法论》,北京大学出版社 1994 年版。

胡经之主编:《西方文艺理论名著教程》,北京大学出版社 1986 年版。

胡经之、张首映:《西方二十世纪文论史》,中国社会科学出版社 1987 年版。

胡经之主编:《中国古典美学丛编》,中华书局 1988 年版,凤凰出版社 2009 年修订再版。

胡经之主编:《中国古典文艺学丛编》(三卷),北京大学出版社 2001 年版。

胡经之主编:《中国现代美学丛编(1919—1949)》,北京大学出版社 1987 年版。

曾繁仁主编:《中国文艺美学学术史》,长春出版社 2010 年版。

魏饴等:《中国文艺美学教学发展论纲》,社会科学文献出版社 2014 年版。

李世涛、戴阿宝:《中国当代美学口述史》,中国社会科学出版社 2014 年版。

陈吉庆:《胡经之美学生涯》,海天出版社 2007 年版。

崔志远:《现实主义的当代中国命运》,人民文学出版社 2005 年版。

北京大学比较文学研究所编:《中国比较文学年鉴》,北京大学出版社 1987 年版。

李长之:《李长之文集》第三卷,河北教育出版社 2006 年版。

李长之:《李长之文集》第九卷,河北教育出版社 2006 年版。

李健:《比兴思维研究——对中国古代一种艺术思维方式的美学考察》,安徽教育出版社 2003 年版。

刘纲纪主编:《马克思主义美学研究》(第 6 辑),广西师范大学出版社 2003 年版。

马克思著,刘丕坤译:《1844 年经济学—哲学手稿》,人民出版社 1983 年版。

乔纳森 · 卡勒著,李平译:《当代学术入门 · 文学理论》,辽宁教育出版社 1998 年版。

深圳大学文学院编:《美的追寻——胡经之学术生涯》,北京大学出版社 2003 年版。

文艺美学丛书编委会:《美学向导》,北京大学出版社 1982 年版。

朱光潜:《朱光潜美学文集》第一卷,上海文艺出版社 1983 年版。

曾繁仁主编:《人与自然——当代生态文明视野中的美学与文学》,河南人民出版社 2006 年版。

崔志远:《关于"两结合"创作方法的历史考察与反思》,《河北师范大学学报》2004 年第 1 期。

杜书瀛:《文艺美学的教父》,《南方文坛》2002 年第 5 期。

胡经之:《美学伴我悟人生》,《美与时代》2010 年第 2 期。

胡经之:《为何古典作品至今还有艺术魅力》,《北京大学学报》1961 年第 6 期。

胡经之:《艺术:按美的规律创造》,《文艺研究》1999 年第 4 期。

童庆炳:《文艺美学——新时期创立的关怀人的心灵的学科》,《深圳大学学报》2004 年第 1 期。

王岳川:《当代中国文艺美学的学术拓展》,《深圳大学学报》2002 年第 1 期。

王元骧:《"文化美学"随想》,《深圳大学学报》2004 年第 1 期。

曾繁仁:《胡经之教授的重要学术贡献》,《深圳大学学报》2004 年第 1 期。

后　记

这是一部胡经之先生的学术评传，内容大都围绕胡经之先生的学术成长和学术研究展开。我的意图是以传记带动评论，结合胡经之先生学术研究的历史进程来评价他的学术贡献。

胡经之先生是文艺美学学科的开拓者。他之所以能够开拓出文艺美学新学科，与他的生长环境与教育环境有关，也与他的学术趣味、个性、气质有关。江南水乡的灵秀给了他发现美、欣赏美的基因，众多文艺学、美学大师如杨晦、朱光潜、宗白华、王朝闻、蔡仪等是他的学术引路人，再加上他天资聪颖，勤于思考，对文艺学、美学有浓厚的兴趣，做出如此贡献不难理解。对于胡经之先生的学术贡献，不少学者专门撰文进行了评述。大家一致肯定胡经之先生对文艺美学的学科开拓之功，同时，也肯定他对文艺美学学科的发展与完善提出了自己的一些思考乃至建议。这些评论都非常珍贵，对反思中国现代文艺学、美学的发展，建设具有中国特色的现代文艺学、美学，都有一定的参考价值。然而，学术研究尚须知人论世，学界对胡经之先生的学术贡献可能有比较精准的把握，但对他的学术成长可能就不太了解了。本书恰好提供了这方面的材料。希望这些材料有利于推进对胡经之先生以及中国现代文艺学、美学学术发展的研究。

本人自 1999 年以来从胡经之先生问学。长久学习、生活、工作在先生身边,除了听先生讲学论道之外,还听过先生讲自己的学术生涯,讲许多学界往事。因为先生长期生活在北京大学,处在学术的中心,是许多事件的亲历者。听过先生的讲述之后,原本谜一样的学界往事渐渐清晰,许多有个性的学界名人如周扬、杨晦、朱光潜、宗白华、王朝闻、蔡仪、林庚、李泽厚、钱中文、严家炎等,均生动地呈现在我的脑海里,渐渐地,我积累了大量第一手资料。我感到,这些学界往事可能蕴含着比较丰富的文化意义,而胡先生自己的学术生涯本身也是一种文化现象,值得研究,因此,有必要把这些资料公之于众。记得几年前,曾经担任深圳大学文学院院长(现任传播学院院长)的吴予敏教授(蔡仪先生的高足)就曾经说起过这个话题。他说,胡先生经历了现代文艺学、美学发展的风风雨雨,他知道很多事情的来龙去脉,了解很多著名学者,如果我们能给胡先生做个这方面的访谈,让他专门谈这些往事,整理出一本书,这就是口头历史,应该非常珍贵。吴予敏教授的想法非常有意义,可惜的是,这一项工作至今没有人去完成。这本评传虽然涉及文艺学界和美学界的一些往事,但是,由于侧重点放在胡先生身上,不能细致叙述原委。即便如此,相信它也能够给读者提供一些线索,让感兴趣的读者寻着这根线索,去寻求事件的答案。如果这本书在引领读者了解胡经之先生学术生涯的同时,又能使读者获得一些了解当代文艺学、美学事件的线索,这也是我愿意看到的。

本书的写作自始至终得到胡经之先生的支持,得到王岳川教授的指导与鼓励。胡先生反复提醒我,要写信史,实事求是地评价,不要拔高,他的成就不大,他的学术研究无非是想为文艺学、美学的研究探一条新路而已,自己做得并不好。王岳川教授则从提纲到具体的篇章词句,审读得十分仔细,发现并纠正了不少问题,提出了许多好的建议。在此,谨致谢忱。同时,也感谢深圳大学社科部田启波主任,他非常关心、支持本书的出版。

弟子写老师的评传有一个好处，那就是，长期与老师接触，对老师的了解比较全面、深入，掌握了大量第一手的材料。但是，也有一个不好的地方，那就是，如果处理不好，可能会带有偏私。本人深知，这些问题的存在会影响评传的信度，因此，在写作的过程中，时时提醒自己，力争写出一部信史。书中记述的历史事实力求真实，评价也力争客观、公允。但由于本人学识水平所限，难免会出现一些错误，敬请学界批评指正。

李　健

2015 年 5 月 16 日于深圳